Dans la p'tite vie d'une adolescente

© 2019 Les Livres du Dragon d'Or
Les Livres du Dragon d'Or, un département d'Édi8,
12, avenue d'Italie, 75013 Paris

Maquette couverture : Axel Mahé
Maquette intérieure : Nicolas Galy pour NoOok
Illustration de couverture : Jenna Paddey
Relecture et correction : Anne Sophie Bord

Loi n° 49-956 du 16 juillet 1949 sur les publications destinées à la jeunesse,
modifiée par la loi n° 2011-525 du 17 mai 2011.
ISBN : 978-2-8212-1125-4
Dépôt légal : octobre 2019
Imprimé en France
Achevé d'imprimer en novembre 2019
par Normandie Roto Impression s.a.s. (1905617)

J'me retrouve devant vous pour vous parler à cœur ouvert de ma p'tite vie d'adolescente. Qui l'aurait cru ? Sûrement pas moi ! J'vous présente mon adolescence telle quelle : sans chichis, sans paillettes, juste la vie d'une meuf lambda. J'espère que vous vous reconnaîtrez dans mon histoire et ces moments hyper intenses. J'ai déjà hâte de lire tous vos retours !

Ayez confiance en vous, soyez fidèles à vous-mêmes et n'ayez pas honte de vos erreurs : tirez-en des leçons, sortez-en plus forts ! Moi, je suis fière de vous.

Love,

Romane

Prologue

f SUR FACEBOOK

Kim-gt :

Non mais quelle pute sérieux, du jamais vu...
askip elle s'est fait 3 mecs cet été.

Jessssy a répondu :

Mdrrrr mais ça me choque même pas.
Sérieux, j'comprends pas qui voudrait se faire cette go ?

Claygne a répondu :

Une vraie catin.

SUR INSTA

Lilou48 :

Tu fais vraiment trop la meuf, fais pas
ta Romane là !

Jessssy a répondu :

Faire sa Romane, ptdrrrr! T'es trop forte, best insulte
du monde.

f SUR FACEBOOK

Jessssy :

Les gens qui ''oublient'' leurs affaires de sport juste pour sécher, vous faites pitié.

Sidouile a répondu :

Franchement ? On s'en tape de cette fille.

Quentin-tarou a répondu :

Mdrrrr genre "les gens", assume Jess !

Eva.blt a répondu :

Tqt même pas, tout le monde voit de qui tu parles.

Manontroy a répondu :

Une excuse pour aller traîner avec ses "potes" mecs, cette meuf est un déchet.

Quentin-tarou a répondu :

Moi, j'la serrerais bien.

Jessssy a répondu :

@Quentin-tarou T'es pas sérieux ? Ça se voit que tu sais pas où elle a traîné ptdr

Camiiille a répondu :

Arrêtez de rager pour rien, ça vous arrive jamais d'oublier des affaires de sport ?

Chapitre 1

(Présent)

Début octobre

Vous vous êtes déjà endormi en cours ? Je crois que je connais déjà votre réponse. C'est tellement le moment où t'essaies d'être discret, de te cacher derrière ta main, en faisant genre d'écrire mais où les profs nous grillent à 2 000. Ben voilà, c'est exactement ce que je suis en train de faire. Mais la vérité, c'est que ça m'arrive de moins en moins. Avant, j'étais la pro pour gruger les profs avec mes petites siestes improvisées. Ça faisait longtemps que je n'avais pas rattrapé mes heures de sommeil pendant un cours.

J'aimerais franchement bien pouvoir fermer l'œil, récupérer un tout petit peu de sommeil, mais impossible avec le Spotify ambulant à côté de moi. C'est pas qu'elle ne veut pas me laisser dormir, c'est juste que Camille ne peut pas s'empêcher de chantonner. Depuis que le cours a commencé, et comme je ne bavarde pas avec elle, elle enchaîne les musiques comme une playlist en mode aléatoire. Pas assez fort pour que le prof l'engueule, mais pas assez bas non plus pour que je ne l'entende pas. Elle a fait Maluma, Jul, et là elle est sur Rihanna. Je ne reconnais pas tout mais assez pour savoir que je dois abandonner l'idée de ma sieste.

Les yeux fermés, la tête dans la main, les cheveux devant le visage, on pourrait croire que je dors ; mais non, je suis en train de penser à ma revanche.

— Meuf ! Tu dors ?

Je sens un coup de coude qui me bouscule. Camille vient de ruiner mon équilibre : ma tête tombe de ma main et je suis obligée de me redresser d'un coup. Elle me fait des gros yeux en désignant rapidement d'un hochement de tête M. Dubois, qui remonte les allées en récitant son monologue.

— Que voulait dire Anouilh dans ce passage d'*Antigone* ? Des idées ?

Je reprends rapidement mon crayon et je note ce qu'il dit tandis qu'il passe à côté de nous. La place du fond, c'est de loin la best des places. Quand il arrive à notre niveau, à part la trace rouge sur ma joue là où ma main s'appuyait, impossible de dire que je reposais mes yeux. Bon, quand je regarde mon cahier, c'est clair que j'ai loupé tout ce qu'il venait de nous citer. Je me tourne vers Camille. Je lui fais mon plus beau sourire et mes yeux d'endormie. Elle m'observe et hausse juste un sourcil. OK, j'ai peut-être un peu trop abusé de cette technique... Ma grimace du double menton est beaucoup plus efficace. Elle retient un éclat de rire et me file son cahier que je m'empresse de recopier.

— Alors, tu veux te venger de qui ? elle murmure en récupérant ses notes.

— Comment tu sais que je veux me venger de quelqu'un ? T'es mentaliste ? je réponds en plissant les sourcils d'un air suspicieux.

— Tu parles même quand tu t'endors, meuf.

— De Jess...

— Ah, j'hésitais entre elle et ta sœur.

C'est vrai qu'on ne s'entend pas si bien avec ma sœur. On s'embrouille souvent, et ce qui m'énerve, c'est que maman prend H24 sa défense, sans chercher à comprendre. Et Louise en joue. J'aimerais juste qu'elle aide à la maison, pareil pour Maxou, mon petit frère. Maman me dit toujours : « Montre l'exemple. » Le problème, c'est qu'ils n'en foutent pas plus pour autant... Je comprends davantage venant de Maxou, il est plus petit, mais Louise pourrait faire un effort et y mettre du sien. J'en ai ras-le-bol de faire la vaisselle alors que je dois réviser (et aussi parler à mes potes, j'avoue) pendant qu'eux regardent la télé. Même quand je remonte dans ma chambre, je ne suis pas tranquille vu qu'on partage des lits superposés... On est vraiment comme chien et chat, même si au fond, bien sûr qu'on s'aime. BREF. Si je suis crevée aujourd'hui, ce n'est pas leur faute, mais celle de Jess.

Cette débile a encore débarqué sur les réseaux pour me pourrir la soirée. Avec sa bande de moutons, qui ne savent même pas réfléchir par eux-mêmes. Ils la vénèrent et je suis sûre qu'ils ne savent pas pourquoi ! Même si ce qu'ils disent est faux, j'ai du mal à faire comme si de rien n'était et ça me prend la tête toute la nuit. Le mal de ventre à cause du stress quand je pense au lycée demain...

— Rom-anus, murmure Camille, tu phases encore, réveille-toi !

Camille, c'est le genre de pote qui partage tout (bon, sauf ses nuggets) sans te faire de chantage. Ou qui comprend en un mot les galères de merde dans lesquelles tu te trouves. Et, bien sûr, c'est la pote qui te passe ses notes sans te faire culpabiliser. Et ça, ça vaut de l'or ! Avec sa peau dorée venue d'Argentine et sa cascade de cheveux bruns, il se trouve qu'en plus, cette fille est intelligente, trop drôle et qu'elle a un don pour le chant. La preuve vivante que non, *clairement*, on ne naît pas tous égaux !

— Yes, plus que cinq minutes avant la pause ! souffle Camille en souriant.

Ouais. Cinq minutes avant le drame, elle veut dire... Avec ma petite sieste, je n'ai pas vu le temps passer et je n'ai pas eu le temps de me préparer psychologiquement à ce qui m'attendait. Si seulement Louise était la seule personne avec qui je m'embrouille, ça irait encore...

Sofia : Les meufs, je vous attends devant la porte de votre classe. J'ai grave faim !

— Elle a tout le temps la dalle, c'est grave ! soupire Camille en souriant.

Je rigole doucement. On est dans la même classe avec Camille et Sofia, sauf en cours de français, où les élèves sont mélangés. Heureusement, qui dit pause déj dit qu'on retrouve Sofia et qu'on est toutes les trois. On est un peu comme... les Totally Spies, quoi. On est vraiment un trio I-CO-NIC. On est tellement différentes, mais on se complète, et sans elles, je crois que je passerais encore ma pause déj à ne pas manger afin d'éviter de rentrer dans le self.

— N'oubliez pas de bien relire votre cours, ça vous permettra de vous coucher moins bêtes ce soir ! N'est-ce pas, monsieur Quentin ?

La classe se met à rigoler. Quel comique ce prof ! Tout le monde se précipite pour ranger ses affaires dans son sac pour débouler comme des animaux en rut dans le self. La cloche a à peine sonné que tout le monde est déjà dehors. La jungle : premier arrivé, premier servi. Vous connaissez, quoi ! Sofia tourne en rond sur elle-même, et quand elle nous voit, elle crie un « Enfin ! » et lève les bras au ciel.

— Vous êtes toujours trop longues ! Je pourrais bouffer un éléphant tellement j'ai faim !

— Je te rappelle que les éléphants sont des animaux protégés, tu n'as pas le droit de les manger. En plus, tu passerais tellement de temps à lui courir après pour le grailler que tu serais sûrement déjà morte d'épuisement.

— Camille, je ri-gole, c'était une boutade, comme dirait M. Dubois. Genre une figure de style.

Je me mets entre les deux en riant, et on part toutes les trois vers l'entrée du self, où la file d'attente est déjà très longue. Mon ventre se serre, et clairement, ce n'est pas de faim. Je sens le stress remonter jusque dans la gorge. Heureusement, aujourd'hui, les pestes n'étaient pas au même niveau que moi dans la file. Sofia, qui a déjà pris son plateau et qui croque dans le premier bout de pain qui lui passe sous le nez, me tend sa main.

— Allez, on les emmerde, OK ?

Je lui tape dans la main et j'avance à mon tour. Je ne sais même pas quoi choisir à manger tellement le stress me gagne. Sofia me demande plusieurs fois de prendre des trucs pour elle. Je rajoute donc un morceau de pain sur mon plateau et je me lance dans la fosse aux lions. Parfois, on imagine des choses, on croit entendre des murmures, on pense que quelqu'un nous observe en rigolant. Moi, je sais que c'est le cas. J'ai beau baisser la tête en rejoignant notre table, j'entends clairement des gens se moquer de moi, ou chuchoter entre eux. J'inspire et continue d'avancer sans les regarder. Les Enfers sont juste à ma droite.

— On dirait que t'as retrouvé tes affaires de sport, Romane la mythomane ! lance Jess en rigolant.

Toute sa bande se met à rire. Les Enfers, c'est comme ça que je les appelle. Et, c'est plus fort que moi, je relève juste un peu la tête. À chaque fois, je me dis qu'il doit y avoir une fille juste derrière moi qui a le même prénom. À chaque fois, j'espère que ce n'est pas moi qui suis encore en train de me faire afficher devant tout le monde. Mais non, Jess et ses potes sont bien en train de me pointer du doigt en rigolant. Il n'y en a qu'un qui ne rigole pas : Sam. Bras croisés, il me regarde et esquisse presque un sourire. Je n'ai pas le cœur à répondre, pas le cœur à rester là, alors je me dépêche de rejoindre Camille et Sofia qui sont déjà installées.

— Je te jure, Romane, je vais vraiment finir par me les faire. Tu me le dis, on y va ensemble si tu veux ! souffle Sofia en terminant son pain, tout énervée par cet acharnement quotidien.

— Non, ça vaut pas le coup... Mais... je comprends pas. Pourquoi moi ? J'ai vraiment oublié mes affaires de sport, ça arrive à tout le monde, pourquoi ils passent pas à autre chose, sérieux ? Elles ne me connaissent même pas.

Camille hausse les épaules et se jette sur son plateau. Sofia est toujours aussi énervée, mais son appétit finit aussi par prendre le dessus. Rapidement, mes potes oublient les messes basses, les sourires en coin des gens qui passent devant nous pour poser leurs assiettes vides. Moi, non. Quand Les Enfers terminent leur repas, j'entends même dire : « Vas-y, fais pas ta Romane ! », avant que leurs éclats de rire ne disparaissent dans les escaliers. J'aurais envie de pleurer, là, au-dessus de mon cordon bleu et de mon chou-fleur. Mais je me retiens. Je sais que si je me mets à pleurer une fois devant eux, je n'arrêterais plus, et ça leur ferait trop plaisir. Parfois, ça m'arrive de compter les jours jusqu'à la fin du lycée et de me demander quand tout ça va s'arrêter. L'humiliation. Les rires. Les blagues déplacées. Les insultes. Ma mère dit que ça me rendra plus forte. J'en doute. Pour l'instant, je m'enfonce juste. À chaque remarque, chaque moquerie, c'est un coup de pelle en plus. Je suis fatiguée de tout ça.

— Tu finis pas ta viande ? me demande Camille, la bouche pleine et la fourchette déjà en l'air.

— Non vas-y, prends-la !

— Mais tu manges pas chez toi ? On dirait Ron Weasley, lance Sofia.

— Ben si. Mais j'ai tout vomi hier à cause de ma gastro... Et puis, c'est qui Ron Wichépaquoi ?

Camille est capable de citer toutes les chansons de Maluma, de se souvenir de tous ses albums par ordre chronologique, mais pour ce qui est du reste, elle est toujours larguée. Sofia la regarde avec un air dépité ; pour elle, ne pas connaître *Harry Potter*, c'est un crime. Enfin, le pire serait sans doute de ne pas être capable de chanter une seule chanson de Beyonce. Camille et elle sont des lycéennes normales. Elles peuvent rentrer en classe, s'habiller comme elles le souhaitent, dire ce qu'elles pensent sans que personne ne les critique. Elles peuvent manger ce qu'elles veulent sans avoir peur de se prendre une insulte dans la tête juste après. Je n'ai pas cette chance, et je ne sais même pas pourquoi. Parfois, j'aimerais bien être dans un film américain. Au lieu de baisser la tête en allant à ma table, je marcherais fièrement, le menton bien haut, et dès que Jess rigolerait, je prononcerais la phrase à laquelle elle ne trouverait rien à répondre. Ce serait à son tour de se faire humilier. Mais on n'est pas dans un film américain, et je n'ai pas le courage de leur répondre. Et même pas l'envie d'être méchante. Je n'ai pas pour habitude de me faire marcher dessus mais si je le faisais, je ne suis même pas sûre que ça changerait quoi que ce soit. Je pourrais changer de style de fringues, ne plus rien dire, ou leur répondre, je serais encore leur « bête de foire ». Je ne sais même pas ce que j'ai fait pour mériter ça. Comme dirait ma mère : « L'ignorance est le meilleur des mépris. » Mais je ne suis pas sûre qu'elles en aient vraiment conscience...

Dans mon calendrier mental, je barre un déjeuner. Un de moins avant la libération de la fin du lycée. Mais quand on remonte du self, je vois Jess et toute sa bande assises sur les rambardes des escaliers. Apparemment, l'acharnement du jour n'est pas fini. Et franchement, je ne comprends pas pourquoi elle me critique. Elle ne doit pas être si heureuse que ça pour jouer à ce petit jeu-là. C'est ce que j'essaie de me dire pour l'excuser... Elle me voit approcher, sort son insta comme une scène de théâtre qu'elle aurait répétée avant que j'arrive.

— « Simplicité » en description, non mais la meuf se prend pour qui ? C'est sérieux de poster ça sur Instagram ? Personne n'a envie de voir ses baskets de merde en photo dans un miroir. N'importe qui peut le faire ! lâche Jess en explosant de rire.

Le troupeau l'imite. Ce n'est pas comme si je m'attendais à ce qu'ils réfléchissent par eux-mêmes non plus. Sofia et Camille me prennent chacune par un bras, et on avance plus vite. J'entends derrière moi des remarques encore pires. Autant les remarques sur les affaires de sport, j'ai réussi à les faire glisser et à les ranger dans ma corbeille « parle toujours, je m'en fous ». Autant là, Jess a visé juste et fort. Photographier, c'est ma seule passion, c'est ce que j'ai toujours voulu faire.

Pourtant, comme une débile, j'ai posté la photo. Je savais que j'aurais plutôt dû la garder pour moi... Faut que j'arrête de poster des trucs sur mon Insta. Jess regarde tout ce que je poste, et à la moindre photo, elle trouve des remarques dégueulasses à faire. Ou alors, peut-être que je devrais créer un autre compte. Mouais. Elle finirait par le trouver aussi. Dans le genre stalkeuse, c'est vraiment la best. J'essaie de respirer. Si elle m'enlève ma passion, il ne me reste plus rien. Quand je pense qu'il y a encore quelques semaines, je voulais lancer ma chaîne YouTube... Mauvaise idée. Si je fais ça, c'est fini pour moi, elle n'arrêtera plus jamais de me harceler. Je préfère me faire toute petite et ne pas réagir à ses critiques.

— Je pense qu'il faut que tu prennes de plus grands gardes du corps que nous, dit Sofia d'une petite voix, une fois qu'on a dépassé les Enfers.

— Quoi ? Attends, t'as vu la taille de mes triceps ? se vante Camille en gonflant son bras droit. Je me suis entraînée tout l'été. Tu peux pas me dire ça, Sofia. C'est une insulte !

Et c'est reparti ! Ces deux-là sont tellement différentes, et pourtant, même si elles se prennent 24/7 la tête, elles s'adorent ! Je dois dire que ça me fait bien rire. Heureusement qu'elles sont là ! On retourne en classe en rigolant : Sofia promet à Camille qu'elle peut la battre au Chifoumi. Celle qui perd paye un McDo, alors, dans tous les cas, je suis grave gagnante !

Chapitre 2

(Passé)

Année de quatrième, début octobre

Mon année de quatrième a été meilleure que la cinquième, mais difficile quand même. J'avais des potes, c'était plus ou moins stable à la maison, je m'en sortais carrément mieux en cours, mais j'étais tout de même triste en pensant toujours à la même personne.

Un jour, en cours de maths, j'ai explosé. J'essayais de rester discrète, au fond de la classe, d'écouter, même si je ne comprenais pas grand-chose. Je n'arrivais pas à me concentrer, j'avais toujours 20 000 trucs dans la tête. J'entendais le début du cours, et des fois, je reprenais pied vingt minutes plus tard. Entre les deux ? Le vide. Je pensais à tout, à rien. Mais ce jour-là, je faisais vraiment mon max pour être à fond. Je tenais le coup, limite si je ne plissais pas des yeux pour être sûre de ne pas me faire avaler par mes pensées. Et à un moment, j'ai senti mon portable vibrer dans ma poche. Quand il a sonné, j'ai mis un moment à regarder l'écran. Au fond, je devais savoir de qui il s'agissait... Et mon instinct avait raison : « Papa ». Le premier SMS depuis des semaines, des mois même. Et sans que je puisse m'en

19

empêcher, je sens la rage me tordre le ventre. En cinquième, j'avais déjà vécu cette scène. Mon portable s'était mis à vibrer, en cours aussi. Comment je pourrais oublier ? On était en février, le 10 février...

Ce SMS, je l'attendais depuis des heures.

Des heures à attendre, des heures à scruter l'écran.

Des heures à espérer qu'il se souvienne.

Après tout, un « joyeux anniversaire, ma chérie », ça ne prend pas tant de temps, si ?

Je m'étais un peu avachie sous ma table, histoire de pouvoir regarder l'écran sans être vue par le prof. C'était lui. Quatre lettres. Pour certains, quatre lettres qui veulent dire « joie, bonheur, sécurité ». Quatre lettres qui pouvaient dire « famille, amour, stabilité ». Quatre lettres, et tant d'espoir dans ce si petit mot.

Papa.

Cachée derrière mon rideau de cheveux, je fixais cette petite notification rouge, le doigt tremblant. J'avais peur, j'étais contente, je redoutais, j'avais envie de lire le message et je n'avais surtout pas envie de le lire. Tout ça en même temps. Mais aussi, j'étais en colère. Mon anniversaire, c'était la veille. Pas le 10 février, le 9. Un jour, ça change tout, même si les gens prétendent le contraire... « Mais non, t'inquiète, c'est l'intention qui compte. » Non, pas quand c'est ton père et qu'il a oublié. Il avait juste *oublié* le jour où sa fille était née. Comment on peut oublier ça ? Plus mon doigt restait en suspens au-dessus de la touche, et plus je sentais la colère prendre le contrôle. Mes yeux se mouillaient de larmes. J'essayais de calmer ma respiration, mais je n'entendais plus rien autour de moi : ni les feutres du prof sur le tableau, ni l'agitation des autres élèves, je ne voyais plus que cette notification qui me narguait. Finalement, j'ai appuyé dessus et fermé les yeux, pour me laisser encore un peu de temps.

1, 2, 3, respire.

> **Coucou ma chérie ! Bon anniversaire ! papa**

Si mes potes m'envoient un SMS d'anniversaire, c'est normal. Mes cousins ? OK. Mon père ? Bizarrement, j'avais l'impression que ça ne devrait pas se passer comme ça...

Et là, à voir de nouveau ces quatre petites lettres dans mes messages, ça me rappelle cet épisode. Mon père ne m'envoie que peu de messages, alors je mets un moment à avoir le courage de l'ouvrir. Comme en février, je me cache derrière mes cheveux, et après un long moment, j'appuie sur la petite enveloppe...

> **Tu me diras si tu viens à la maison pour Noël ? papa**

Je ne sais pas combien de temps je reste là, les épaules en avant, à lire et relire le SMS, pour voir s'il n'y en a pas un autre qui arrive juste derrière du genre : « Je t'aime, prends soin de toi ma puce. » Mais rien. L'écran blanc sans âme m'éclaire le visage non-stop. Je n'entends rien, bloquée dans cette bulle. Ma colère s'en donne à cœur joie : plus elle voit le SMS, plus elle y pense, plus elle a envie d'exploser. J'ai l'impression que c'est *Vice-Versa* dans mon cerveau. La haine que j'accumule depuis février et ce sentiment que je ne suis rien pour lui me rendent malade et m'étouffent.

— Romane ? Romane !

Je sens le coude de mon voisin de droite qui me percute plusieurs fois, fort. Je relève la tête, toute la classe me regarde, et cette fois, plus un bruit. Certains rigolent derrière leur main. On repassera pour la discrétion ! Le prof me regarde, les poings sur les hanches, la bouche en cul-de-poule et les gros sourcils froncés. Chez lui aussi, on dirait que c'est la colère qui a pris le contrôle.

— Le téléphone ! Éteignez-le tout de suite !

Et là, j'explose. Je me lève d'un coup, je laisse toutes mes affaires à ma place et je pars. Je claque la porte derrière moi de toutes mes forces et je fonce prendre l'air dans la cour. Je ne marche même pas, je cours presque. *De l'air. Il me faut de l'air.* C'est tout ce que je parviens à penser. *De l'air !*

Si j'ai évité de me prendre une colle direct, je le dois sans doute à la sonnerie qui a résonné pile à ce moment. Sauvée par le gong, comme on dit. Je suis partie m'installer sur le banc le plus éloigné, celui au fond de la cour, à moitié caché par l'arbre immense qui le domine. Claquer la porte le plus fort possible m'a fait du bien, mais, pour la première fois de ma vie, j'ai envie de hurler, de crier. J'ai l'impression que ça m'aurait aidée à faire sortir toute ma colère et ma tristesse, comme avant. Avant, quand j'étais une ado tranquille et pas juste une meuf toujours en colère.

Je regarde tous les autres dans la cour. Par bande, par deux. Jamais seuls. Ils jouent, rigolent, sont sur leur téléphone, se draguent et s'embrassent même pour certains. Aucun qui ne regarde dans la direction de « Romane-la-tarée-qui-claque-des-portes-en-cours-de-maths-sans-raison ».

Je ne veux pas avoir l'air totalement désespérée, alors je ressors quand même mon portable de ma poche et je regarde le message. Mauvaise idée, parce que Colère revient à la charge, encore plus vénère que jamais. Alors je fais genre, je regarde les réseaux sociaux, like des photos au hasard, sans même y faire attention. Juste pour éviter de pleurer à nouveau. Je me répète sans arrêt « sois forte ».

— Je peux te dire que le prof s'en est pas remis !

Quand je relève la tête, je remarque une fille de ma classe avec qui je ne parle jamais : Amandine. Elle se tient devant moi, son sac dans une main, son portable dans l'autre, avec un sourire énorme sur le visage. Je n'avais jamais remarqué que ça lui faisait des fossettes de malade. Je savais par contre que c'est une vraie bombe ! Avec son petit short en jean, ses cheveux en vrac, ses grosses boots et son pull « boyfriend » : la plus belle meuf du collège, vraiment.

— Eh oh, elle me lance en agitant une main devant mes yeux tout en s'asseyant à côté de moi.

— Oui, pardon, je suis juste un peu...

Je hausse les épaules, pas sûre de vouloir terminer ma phrase. Je suis quoi ? En colère, blessée, un peu honteuse d'avoir claqué la porte devant tout le monde ? Ouais, tout ça à la fois.

— Énervée ? J'aurais pas deviné ! elle lâche avec un grand sourire en posant son sac à côté d'elle.

Elle me sourit, comme si elle s'attendait à ce que je me confie à elle, mais je ne suis pas comme ça. Je mets du temps à accorder ma confiance. Une fois que c'est bon, je suis capable de me livrer, de rire, de faire la con H24 avec mes potes, mais pas avant. Quand je ne connais pas quelqu'un, je réagis toujours de la même façon : je ressemble à la poupée Annabelle avec mon sourire négatif. Je me renferme sur moi-même et je parle le moins possible.

— Tu sais, elle me dit en se rapprochant un peu de moi, je sais ce que c'est d'être énervée comme jamais... Si t'as besoin de parler, j'suis là. Hésite pas.

Elle me sourit encore, et ça me fait du bien. Quand je regarde le reste de la cour, je me rends compte que, eh bien, c'est la seule qui a voulu venir me voir. La seule qui s'est inquiétée de savoir comment j'allais. La seule qui se comporte comme une amie. Je me sens moins seule, là, sur mon pauvre banc. Je respire un peu mieux, et j'aurais presque envie de sourire à mon tour. Amandine dégage une joie de vivre qui me fait un bien fou !

— Canon en tout cas tes Vans ! elle me dit en désignant mes pieds d'un signe de tête.

Venant de la fille la plus canon du collège, ça me touche vraiment. Surtout au sujet des sneakers, parce que ça me passionne vraiment. Pour moi, c'est LA PIÈCE qui fait tout l'outfit !

— C'est le cadeau de ma mère pour mon anniversaire !

— Lourd ! elle lance en souriant, puis elle marque une pause, se mordille la lèvre et ajoute : Ta mère ? Et ton père vit pas avec toi ?

— Hum... non. D'où la colère. Il a oublié de me souhaiter mon anniv hier. J'ai juste eu droit à un SMS aujourd'hui...

— Je comprends. Enfin non, pas vraiment, mais si ça peut te rassurer, mon père oublie mon anniversaire tous les ans. Du coup, j'ai décidé de plus lui souhaiter le sien non plus. Et ça marche très bien comme ça.

Elle dit ça en rigolant, mais ses yeux trahissent sa tristesse. Avec son sourire éblouissant, je me suis livrée à elle sans réfléchir, en fait. Elle est si gentille et, même si ses parents ne sont pas divorcés, je sens qu'elle me comprend. Surtout, elle m'écoute. Ça fait longtemps que personne n'est plus là pour m'écouter. Juste m'écouter. Ma mère est en pleine période de stress au boulot. Et avec mon frère et ma sœur, elle a déjà beaucoup à gérer. Je ne lui en veux pas, mais je vois qu'elle n'a pas le temps. Des potes ? Je n'en ai pas, pas qui m'écoutent en tout cas. En voyant Amandine me sourire, j'oublie toutes les rumeurs que j'ai entendues sur elle. Après tout, je suis bien placée pour savoir que les gens dont tu ne connais parfois pas même le visage te jugent sans connaître.

Alors qu'elle s'apprêtait à me dire un truc, la sonnerie marque la fin de la pause. Les premiers élèves se précipitent déjà dans les escaliers pour retourner en cours. Amandine se redresse et me tend la main pour m'aider. Et cette main tendue me donne presque envie de pleurer. Elle ne m'aide pas juste à me relever du banc, mais, quand je la regarde, je sens qu'elle peut m'aider à sortir de ma colère, à devenir celle que je sens être au fond de moi, derrière la rage, la frustration, l'angoisse et les complexes.

— Merci, je murmure pendant qu'on remonte toute la cour.

On est les dernières quand on arrive enfin sous le préau pour retourner en classe. Je pars en espagnol, et elle en allemand. On se sépare donc là. Au moment où je vais passer la porte, je l'entends m'appeler :

— Romane ! Tu fais un truc samedi ?

— Non, rien pour le moment, je réponds.

— Ça te dirait de venir à une soirée ?

— Euh... je sais pas trop.

— Allez, viens, ça va être le *fuego* !

Je la regarde, avec ses cheveux roux splendides qui encadrent son visage, ses petites fossettes, ses yeux bienveillants et son sourire de malade. Je ne la connais pas encore très bien, mais en l'espace de quelques heures, j'ai enfin l'impression d'avoir une amie, quelqu'un pour me sortir de ma solitude. Ma timidité et mes complexes me hurlent de refuser, mais mon courage et ma curiosité les censurent direct. Et c'est si simple que je m'entends répondre :

— Ouais, carrément !

25

— Génial, tu ne le regretteras pas, crois-moi !

Elle me fait le signe du « surfer » et disparaît finalement dans l'escalier. Ce que je ne savais pas alors, c'est que j'allais le regretter. J'allais regretter cette soirée, et toutes les autres à venir...

Chapitre 3

(Présent)

Milieu octobre

Je regarde Sofia et Camille qui marchent devant moi sans faire attention à ce qui se passe autour d'elles. Je les suis en sirotant mon Ice Tea, une récompense bien méritée après toutes ces heures de cours passées le cul posé sur la chaise. Je suis perdue dans mes pensées : à me demander si ce soir tout ira bien avec Louise et Maxou, à me concentrer sur mon devoir d'anglais, et puis j'avoue que je pense aussi à Sam.

Ça m'arrive depuis quelque temps. On s'est croisés dans les couloirs et, je ne sais pas, il se passe un truc. On fait genre on ne se voit pas, et puis quand nos regards se croisent, ils s'accrochent longuement. Peut-être que je me fais des films hein, peut-être que je suis complètement à côté de la plaque. Mais je suis sûre qu'il fait tout pour me croiser en fin de cours. Passer à côté des Enfers n'est pas plus facile, je ne suis pas bête non plus, mais je me raccroche à lui. J'évite de regarder Jess, et je ne regarde que Sam.

Y a un truc chez lui. Avec sa peau mate, ses yeux en amande et ses fossettes quand il sourit. J'essaie toujours de me convaincre qu'il ne doit pas être mieux que les Enfers, à traîner avec eux. Je m'attirerais plus d'ennuis qu'autre chose à m'y intéresser... Allez, respire et pense à autre chose. Je dois avoir un sourire ridicule, parce que quand Sofia se retourne vers moi, elle me regarde avec un sourire en coin trop chelou.

— Meuf, ça va ? T'as une drôle de tête.

Camille se retourne à son tour pour me détailler, un sourcil levé. Elle fait mine de prendre ma température en posant l'intérieur de son poignet sur mon front, comme peut le faire ma mère, et fait une petite grimace désolée.

— Merde, je crois que c'est une intolérance à l'Ice Tea. Faut que t'arrêtes d'en boire, c'est le médecin qui le dit, elle continue de faire son cinéma en m'enlevant la canette des mains.

— Non mais vous êtes pas sérieuses ? je réponds.

— Rominet, tu sais, renchérit Sofia, normalement, le corps humain est composé de 80 % d'eau, mais toi, c'est 80 % d'Ice Tea et ça craint !

Je me bats comme un p'tit chat pour récupérer ma boisson préférée (oui, ça ressemble vraiment à ça). Sofia et Camille sont à deux contre moi pour que je ne la récupère pas et on se met à rigoler bêtement.

— Non, les filles, sérieux, chaque goutte est précieuse, rendez-la-moi ! je tente, avec un ton que je veux menaçant, en oubliant mon petit gabarit, les bras croisés et une main tendue.

Camille fait semblant de boire à ma canette, mais quand elle voit les grands yeux choqués que je lui lance, elle arrête tout de suite et me tend mon précieux dans une petite révérence. Je sais qu'elles rigolent, mais n'empêche que je soupire de soulagement en reprenant ma boisson dans les mains.

— Super, maintenant, il est tiède !

Oui, parce qu'un Ice Tea, ça se boit bien frais, quand ça sort du frigo, quoi. Sofia et Camille explosent de rire en me voyant récupérer ma canette comme si c'était mon gosse. Je décide de finir mes dernières gorgées rapidement, pour éviter que le drame ne se reproduise.

— Bon, quoi de prévu ce week-end ? lance Sofia avec un grand sourire.

— Comme tous les samedis aprèm, j'ai cours de chant, chérie ! Tu devrais le savoir depuis le temps, répond Camille sur un ton de petite peste, comme elle sait si bien le faire. Et toi, Romane ?

— Oh, je sais pas, je vais chiller je pense, et faire des petites photos pour moi, peut-être.

— Et toi ? je demande à Sofia, mais j'ai à peine le temps d'en dire plus qu'elle se lance dans un monologue endiablé.

— Les filles, la soirée de l'année est dans deux semaines. JUSTE DEUX SEMAINES ! Et il faut absolument que j'aille faire les magasins pour trouver ma tenue. Je dois passer m'acheter de nouveaux faux cils, parce que je compte bien me faire un make-up de folie ! D'ailleurs, si vous voulez que je fasse le vôtre, j'suis grave opé !

— Oh, mais grave ! Je suis nulle en maquillage, y a que toi pour faire des make-up de malade ! s'extasie Camille, et je peux déjà presque voir les étoiles dans ses yeux.

— Romane ? Tu me laisseras te faire ton maquillage, hein ? elle me tient la main et me fait des yeux de biche.

— Je sais pas, je pensais pas trop y aller à cette soirée, en fait.

Et aussi, ça m'angoisse à mort. Pour elle, aller à une soirée, il n'y a rien de plus simple, rien de plus naturel. Les soirées, c'est grave kiffant quand t'as seize ans. Mais pas pour moi. Je ne suis pas à l'aise. Surtout que cette fête-là, elle a lieu chez Jess. Je suis quasi-sûre de ne pas être invitée d'ailleurs. Sauf que, quand je le dis à Sofia et Camille, elles n'ont pas l'air de voir ce qui pourrait m'empêcher d'y aller.

— Mais tu t'en fous de Jess ! Ignore-la ! s'exclame Sofia.

— Grave ! Et puis, avec le monde qu'il y aura, elle te remarquera même pas, rajoute Camille.

— Ouais, enfin, avec le maquillage que je vais lui faire, elle sera tellement canon, on la remarquera *un peu* quand même !

— Non, vraiment les filles, je peux pas. C'est pas mon truc les soirées, et surtout pas chez Jess. Elle risque de me noyer dans sa piscine dès qu'elle me verra, je réponds en rigolant sans vraiment en avoir envie.

— Et bousiller le make-up que je vais te faire ? *No way!*

Sofia continue de s'énerver contre Jess, comme si elle était devant elle, et ça finit par m'arracher un sourire. Heureusement, je suis à l'intersection où on se sépare. Les filles sont presque voisines, mais moi, je dois prendre à droite pour rejoindre la maison. Ça me sauve de la conversation, même si Sofia est bien plus coriace que ça. Quand elle a une idée dans la tête, elle ne l'a pas ailleurs, clairement.

— Tu t'en sortiras pas comme ça Romane ! crie Sofia au loin alors que Camille, gênée, essaie de l'attraper par le bras pour la remettre sur le chemin. Je te jure, viens, tu le regretteras pas !

« Tu le regretteras pas » les mots tournent dans ma tête, et je m'arrête net, au milieu du trottoir. « Tu le regretteras pas. » J'ai déjà entendu ça et je l'ai vraiment regretté. Les mots font remonter des souvenirs, et l'angoisse qui va avec... Camille et Sofia n'ont rien à voir avec Amandine, je le sais bien, mais de réentendre ces mots,

30

ça me donne l'impression d'être en quatrième à nouveau. Je revois Amandine et son grand sourire, son magnifique sourire. J'avais voulu la croire quand elle m'avait demandé de lui faire confiance, quand elle m'avait promis que je ne le regretterais pas. Et où est-ce que ça m'a menée ?

Je secoue la tête, marche d'un pas plus résolu, et j'arrive enfin chez moi. Je lâche mon sac à l'entrée de la chambre que je partage avec Louise, ferme la porte et m'écroule dans mon lit. J'enfonce mes écouteurs dans mes oreilles, je lance la playlist Spotify que Camille m'a faite pour me sortir des coups de mou et je ferme les yeux. Il y a quelques années, j'ai fait l'erreur de faire confiance à la mauvaise personne, mais là, je suis sûre de mes amies, ce sont les meilleures et elles ne me laisseront jamais tomber. Peut-être qu'il faudrait juste que je leur dise ça, qu'on ne se quitte pas pendant la soirée... J'imagine ce que ça ferait d'aller en soirée comme une ado normale, invisible peut-être, mais tranquille. Si je n'avais pas les Enfers, je serais libre d'aller à la fête sans me poser de questions, de m'habiller comme j'en ai envie et d'être excitée à l'idée d'aller à une soirée. Il suffit qu'une seule personne vous déteste, et tout part en cacahuète...

D'un coup, je me redresse, je ne sais pas si c'est grâce à la chanson qui passe actuellement, ou parce que je viens d'avoir un éclair de lucidité, mais... pourquoi je m'empêcherais de vivre à cause d'eux ? J'ai seize ans, ça devrait être la meilleure période de ma vie, je ne vais pas la gâcher parce qu'une fille a décidé de me détester pour je ne sais quelle raison !

Avant de le regretter ou de changer d'avis, je prends mon portable et j'envoie direct un message aux filles sur notre groupe Messenger appelé « Les Totally Spies » pour leur dire que je viens :

Moi : Bon bah... I COME W/U BITCHEEEES !

OH MON DIEU ! Qu'est-ce que je viens de faire ?! Non, non, non, supprimer message, supprimer message ! Mais impossible, Messenger l'a déjà avalé et dirigé... Je ne vais pas dire qu'à ce moment-là je fais une crise de panique mais... je fais une petite crise de panique. Disons que je commence à chercher ma respiration, à devoir souffler comme un petit chien pour calmer mon cœur qui danse la zumba et mes mains qui tremblent comme jamais. Mais trois fois rien !

Au pire, je peux faire croire que c'est mon petit frère qui a écrit le message à ma place ? Ouais, c'est mort, elles ne croiront jamais que Maxou sait ce que veut dire « bitches »... Ou alors, je me suis assise sur mon portable et, ben merde alors, mes fesses ont écrit le message toutes seules. Dingue ! Sinon, j'avoue que je suis une grosse merde qui n'assume pas d'aller chez Jess.

Sofia : Yaaaaas, t'es la best !

Camille : You go girl !

Moi : Fin, faut que je confirme avec ma mère qd même !

Je me sens nulle. Genre, comme quand je m'énerve parce que mon restaurant préféré de tacos est fermé, et puis que je me rends compte qu'on est lundi. Alors que je le sais qu'il ferme tous les lundis. C'est mon *Black Monday* à moi. Ben là pareil, sauf qu'on est vendredi, et que je ne suis pas allée chercher un tacos. J'en suis presque à espérer que ma mère va refuser. Ou alors... Ou alors, je ne lui en parle pas du tout et je vais juste voir les filles pour leur dire que, malheureusement, ma mère ne veut pas que je vienne, oh là là, quel dommage !

Non, je ne peux pas leur faire ça, ce serait nul de leur mentir...

Sofia commence à nous bombarder de messages sur les make-up qu'elle veut nous faire, elle utilise des termes que je ne connais même pas ! « Baker », « strobing », « primer ». Mais *wtf* ?! Elle est tellement dans son délire qu'elle ne se rend même pas compte qu'on comprend absolument R(ien) Camille et moi ! Au moins, elle sait ce qu'elle fait. Sofia, c'est une maquilleuse pro en devenir. Je mets mon portable en silencieux pour faire taire la *make-up killer* et je lance une vidéo YouTube sur mon ordi.

Au bout de cinq minutes, je me rends compte que je ne suis rien à ce que je regarde. Je commence à fantasmer sur ma soirée... Je m'imagine arriver avec un make-up fait par Sofia et une robe de folie. Jess boit trop, trop vite, et quand on arrive chez elle, elle est déjà au-dessus des toilettes, en train de vomir toutes les vodkas-pomme qu'elle s'est enfilées. Pas de Jess à l'horizon donc, mais là, les pieds dans la piscine, avec une petite chemise blanche qui ressort si bien sur sa peau, Sam discute avec un pote. Il est là et, presque au ralenti, il se retourne pour m'apercevoir, comme pour confirmer que c'était bien moi qu'il attendait et il me lâche le plus beau des sourires.

Il est juste incroyablement beau. Il me propose un verre en me disant : « J'ai pas bu dedans, promis » comme si je craignais qu'il boive avant moi. Il est poli, mais s'il savait... Ma musique préférée du moment passe, et au même instant, on s'exclame : « Oh, mais j'adore cette chanson ! » en même temps, comme si on s'était concertés.

33

On se regarde et on se met à rire. Tout de suite, ça devient notre morceau. On danse, posés, sans faire attention aux autres. Et c'est dingue, mais pour la première fois depuis longtemps, je n'entends personne murmurer à mon passage, ou faire des messes basses à son voisin, ou rigoler derrière sa main. Rien, pas un bruit. En fait, personne ne nous regarde ! Je souris, je danse, je suis bien. Il est drôle en plus. Il a l'air timide, mais en réalité il a un sens de l'humour qui me plaît beaucoup trop. On n'a presque pas besoin de se parler ; d'un regard, on comprend ce que l'autre veut dire. Et pile au moment où notre morceau s'arrête, il finit par m'embrasser de façon intense, et je crois même discerner des feux d'artifice derrière...

— Oooooh ! Rom ! Lève-toi ! Ahhh mais tu baves en plus !

C'est Maxou qui me lance ma veste que j'ai retirée en rentrant de cours. Je crie, riposte en lui jetant une peluche et enfonce ma tête dans l'oreiller. Rah, c'était le meilleur rêve de ma vie, je crois ! Mais là, je me rends compte que j'ai vraiment dit oui pour aller à cette soirée, et mon ventre se tord. Je ne sais pas pourquoi, mais j'ai le sentiment que ça ne va pas se passer comme je l'ai si bien imaginé...

Chapitre 4

(Présent)

Milieu octobre

— Allez Rom', on va goûter ! s'impatiente Maxou en sautant sur mon lit.

J'arrive à sauver mon ordi portable avant que le pied de mon petit frère ne l'écrase, et je soupire pour lui faire comprendre qu'il a gagné. En vrai, j'ai faim aussi et je rêve d'un bon gros cookie, donc je finis par le suivre en traînant la patte.

Quand on arrive dans le salon, Louise est déjà allongée sur le canapé, une tranche de pain dans les mains. Il reste quelques miettes sur le plan de la cuisine qu'elle n'a pas nettoyé. Maxou n'y fait même pas attention et se précipite sur le sachet de pains au lait. Louise ne me calcule toujours pas, mais comme d'habitude, elle fait en sorte de captiver toute l'attention de Maxou.

— Max, tu veux voir la nouvelle vidéo de Norman ? J'ai commencé à la regarder, elle est trop drôle ! elle s'esclaffe en agitant sa tartine dans tous les sens.

Maxou ne se fait pas prier deux fois. Il saute sur le canapé à ses côtés, sans même terminer de préparer son goûter. Louise lui met son téléphone dans les mains et récite le sketch presque par cœur. Je respire profondément.

Il ne faut surtout pas que je m'énerve. Ça ne servirait à rien, elle n'attend que ça, que je l'engueule, parce qu'elle sait que quoi qu'il arrive, ça me retombera dessus. Elle noie Maxou sous les vidéos pendant que je lui fais ses tartines. Je les lui tends, mais il les prend sans même me remercier tellement il est concentré sur les vidéos. Quand il rigole, il a les dents marron à cause du chocolat ; il est un peu chiant, mais trop mignon.

Pendant que tous les deux s'amusent, je me contente donc de tout ranger sans un mot. Je garde espoir que ma relation avec Louise finira par s'arranger... Sans être les meilleures potes du monde, peut-être que quand elle ne sera plus ado, on pourra au moins se croiser sans avoir envie de s'entre-tuer.

Je me cale sur le canapé pour regarder *Un dîner presque parfait*, qui passe pendant que j'avale mon goûter à mon tour. Enfin, quand Louise finit par retourner s'exiler dans notre chambre, Maxou se retourne vers moi avec un grand sourire.

— Rooooooooom, il me lance avec un petit ton suppliant, dis, tu veux bien m'aider pour mes devoirs ? Ça va plus vite quand tu les fais avec moi.

Je me retourne vers lui. Tu m'étonnes que ça va plus vite ! Quel petit flemmard. Il me fait un grand sourire et papillonne des cils. Je suis sûre qu'il tient cette technique de Louise qui la maîtrise très bien. Bon, j'avoue que ça marche tout le temps... et il le sait !

— OK, t'es trop chiant, va chercher tes affaires.

Il ne se le fait pas dire deux fois et revient deux minutes plus tard avec son cartable énorme sur le dos. Il s'installe à la table et sort ses cahiers et sa trousse. On se met rapidement sur ses devoirs, mais, comme d'habitude, il n'arrive pas à rester concentré longtemps. Je suis obligée de claquer des doigts devant ses yeux pour qu'il revienne sur terre. Au fond, je râle vite fait, parce que je suis contente de passer des petits moments comme ça avec lui. Puis ça fait du taf en moins pour ma mère qui rentre souvent tard.

Je lui prends son agenda pour m'assurer qu'il n'a rien oublié. Il est tellement tête en l'air que je suis toujours obligée de vérifier que tout est bien fait pour le lendemain. Quand j'ouvre sur la page du jour, je tombe sur un petit mot tout mims en bas de la page « MAXOU + LÉA <3 ». Je souris malgré moi.

— Tout se passe bien à l'école ? Ils sont tous gentils avec toi ?

— Bah oui. Il marque une pause avant de reprendre. Kevin m'a énervé la semaine dernière mais maintenant, ça va mieux.

Il me fait un grand sourire, range ses affaires en deux secondes et retourne presque en courant dans sa chambre pour jouer. Je reste seule à la table à manger. Si seulement ça pouvait être aussi simple. « Jess m'a énervée la semaine dernière, mais maintenant ça va mieux... » Je ne veux pas qu'il se fasse harceler comme moi. Mon frère sait très bien se défendre, même un peu trop des fois, mais je ne peux pas m'empêcher de m'inquiéter pour lui.

Je repense à Jess et aux Enfers. Pourquoi est-ce que ça m'arrive à moi ? J'ai beau tourner le truc dans ma tête, j'ai du mal à comprendre cette jalousie mal placée et cette envie permanente de me descendre. Au lieu de remonter dans la chambre et de tomber sur Louise, je m'installe à mon tour dans la cuisine pour essayer de bosser ; l'envie me prend de mettre mes écouteurs et de lancer Spotify. Pire idée quand t'es déjà dans un sale *mood*. Je n'arrive plus du tout à me concentrer sur mon cours. Même si ma mère et mes amies m'entendent sur mes problèmes, j'ai l'impression que jamais ils ne comprendront réellement ce qu'il m'arrive. Faut le vivre pour le comprendre... Comme mon père dit : « Pleurer, c'est montrer ses faiblesses. » Alors je l'écoute et je reste forte, mais ça plus ça plus ça, et je finis par m'écrouler. Les larmes, la colère, l'incompréhension, quoi.

Jess ? Je ne la connaissais pas avant la seconde. C'est en arrivant au lycée que j'ai fini par connaître le spécimen. Malgré moi. En deux secondes, elle a réussi à faire de ma vie normale un vrai nid à emmerdes.

🎵 *Oh lights go down*
In the moment we're lost and found

Tout à coup, je fonds en larmes sur mon cahier de maths. Je ne comprends déjà pas grand-chose aux fonctions, mais avec les écrits transformés en grosses taches, ça risque de ne pas s'améliorer.

Je n'arrive pas à comprendre : au début de l'année, hormis quelques regards, ça passait. Et puis, les messes basses sur une couleur de chaussures pas à son goût, un mot sorti de ma bouche qui la faisait bien rigoler... Ça a été de pire en pire : les gens venaient me rapporter les rumeurs qu'elle lançait à mon sujet, les messages visés sur Instagram. Puis elle a fini par me le dire en face, et faire de tous mes repas un enfer. Voilà pourquoi je la surnomme l'Enfer. Ça lui va si bien, à elle et ses serviteurs... Quand j'en parlais à mes potes, elles me répétaient : « T'inquiète, elle est juste bête, mais ça lui passera. » Alors j'essayais de m'accrocher à cette phrase. J'espérais tellement qu'elles aient raison. Puis, quand elle a commencé à m'insulter en plein réfectoire, elles ont bien été obligées d'admettre qu'elle était plus coriace que ça. La plus lucide dans cette histoire reste ma mère. Elle a le recul, un regard d'adulte et elle capte le moindre vice des gens.

🎵 *I just wanna be by your side*
If these wings could fly

Quand j'entends les pas précipités de Maxou en direction de la porte d'entrée, je comprends que ma mère vient d'arriver. Je termine ce que je suis en train de faire parce que j'ai peur de ne pas retrouver le fil, et je vais rejoindre mon frère, ma sœur et ma mère. Je l'embrasse, et je peux dire rien qu'en regardant ses yeux que la journée a été éprouvante. À peine a-t-elle posé le sac de courses sur la table que Maxou se précipite dessus pour voir ce qu'on va manger ce soir. C'est un ventre sur pattes, ce gosse : ah bah c'est bien mon frère ! Moi aussi j'ai la dalle, vivement qu'on passe à table !

Ma mère a l'air crevée, du coup, pendant qu'elle prépare le dîner, j'en profite pour ranger les courses.

— Et toi, ma puce, ta journée ? elle me demande, mais je n'ai même pas le temps de répondre que Louise et Maxou débarquent.

Toujours un timing parfait : quand tout est fait.

— On mange quoi ? Ça sent trop bon ! s'exclame Maxou, déjà assis, un couvert dans chaque main.

Tout le monde finit par s'asseoir, et j'en suis à peine à la moitié de mon plat que mon frère a déjà fini. Il nous raconte en long, en large et en travers sa dispute avec son meilleur copain. Ma mère a presque du mal à garder les yeux ouverts, mais elle sourit et pose des questions, toujours les mêmes : comment se sont passées nos journées, qu'est-ce qu'on a mangé à midi, est-ce qu'on a eu des notes ? Je vois Louise sourire pour la première fois de la journée, quand elle raconte que tous les autres ont eu une note plus basse qu'elle au contrôle de géo. Quant à moi, je ne dis rien. Je n'ai rien d'intéressant à dire de toute façon, et j'ai trop faim pour avoir envie de parler. Et puis, l'air de rien, Louise me regarde avec un air angélique et me sort de la manière la plus innocente qui soit :

— Tu peux aller chercher le sel ?

Alors ouais, comme ça, ça n'a l'air de rien, mais c'est toujours le même schéma. Je la regarde, je fronce les sourcils, je me dis que j'ai dû mal entendre.

— Romane, va chercher le sel pour ta sœur, lance ma mère.

— Quoi ? Non, c'est mort, elle a qu'à se lever ! Elle est même pas foutue de mettre la table ou d'aider, et c'est à moi de me lever pour que Princesse Louise mette du sel ? j'enrage.

— Romane, tu baisses d'un ton tout de suite !

Louise me regarde, continue de jouer son rôle de petite enfant parfaite. Maxou plonge le nez dans son assiette, comme s'il n'entendait rien. Mais je n'arrive pas à me calmer.

— On est trois enfants ici et y a que moi qui t'aide !

— Ça, c'est pas vrai, j'ai aidé la dernière fois, précise Maxou d'une petite voix.

— Romane, dernière fois que je te le dis, tu changes de ton. Et pour la peine, c'est toi qui vas faire la vaisselle cette semaine. Maintenant, tu te tais et tu termines ton assiette, je veux plus t'entendre.

J'ai envie de répondre pourtant, mais le regard froid de ma mère m'en dissuade direct. Je suis fatiguée de me battre. Louise retient un petit sourire et Maxou continue de regarder les détails de son assiette qu'il a pourtant terminée il y a dix minutes. On finit le repas

40

dans un silence de mort. Et bien sûr, je me retrouve toute seule avec ma mère pendant que les deux autres sont sur leur téléphone, sur le canap'. Elle et moi, on a une relation hyper forte, mais compliquée. J'aime ma mère, vraiment, et elle aussi, j'en suis sûre, mais on n'arrive jamais à se le dire, et dès qu'on discute, les mots dépassent clairement nos pensées. C'est comme si on avait construit des murs devant nous, pour nous protéger de tout ce qu'on a subi, mais qu'on n'arrivait pas à créer un pont entre nous.

Ni elle ni moi ne parlons. Elle lave, j'essuie. C'est froid et mécanique et ça me fait chier. J'avais tellement envie de lui parler, mais là, je suis trop énervée pour lui demander conseil. Finalement, alors qu'elle passe le dernier coup d'éponge sur une assiette, elle se tourne vers moi et me regarde droit dans les yeux.

— Tu dois montrer l'exemple, Romane. Je pensais que toute cette période d'insolence était derrière toi...

Elle pose une main sur la mienne et me retire le torchon des mains. Et puis, elle se tait et se contente juste de me regarder. C'est toujours comme ça avec elle, elle ne me tire pas les vers du nez. Son regard veut dire : si tu veux me parler, c'est maintenant, sinon, je ne vais pas t'obliger. Et là, j'ai besoin d'avoir son avis sur la situation parce qu'elle a toujours les paroles justes, qui reboostent, et les conseils au bon moment.

— C'est compliqué en ce moment...

— Pourquoi c'est compliqué ? Toujours à cause de cette peste ?

J'avais déjà abordé le sujet, au tout début, quand je pensais que c'était juste moi, mais depuis, je n'avais pas trouvé le bon moment pour en reparler. Je déteste passer pour une personne fragile. Je lui confirme d'un petit signe de tête et je serre ma mâchoire pour que mes larmes ne tombent pas.

41

— Tu sais, des cons, t'en auras toujours. Regarde moi au boulot... Parfois, j'ai l'impression de ne pas être sortie de la cour d'école. Les gens penseront toujours des choses sur toi. Mais le seul truc qui importe, c'est que les gens que tu respectes te respectent aussi et qu'ils t'aiment. Cette fille, elle compte pour toi ?

— Non, je réponds en reniflant, je m'en fous.

— Ben voilà, alors son avis, tu t'en fous aussi. Plus elle se montre méchante, plus il faut que tu sois impitoyable, forte, que tu crois en toi. Ça va la rendre malade, parce que ce qu'elle veut, c'est que tu sois seule et que tu aies peur d'elle. L'ignorance est le meilleur des mépris, et tu sais ce que tu vaux, c'est l'essentiel.

Pour la première fois depuis le début de la conversation, je relève la tête. Ma mère me sourit, un sourire franc et beau qui me redonne tout de suite confiance.

— Elle fait une fête pour Halloween. Je sais pas si je devrais y aller.

— Tu as envie d'y aller ? elle me demande, en croisant les bras devant sa poitrine.

— Je sais pas. D'un côté oui, pour être avec Sofia et Camille, mais de l'autre, je sais pas, flemme de m'en prendre plein la gueule gratuitement.

— La peur n'empêche pas le danger. Tu sais comment elle est, tu ne dois pas oublier ce qu'elle t'a fait et croire qu'elle changera aussi facilement. Mais je comprends aussi que tu veuilles sortir avec tes amis, comme toutes les filles de ton âge. Mais sois-en sûre, je ne veux pas te ramasser à la petite cuillère...

J'approuve d'un signe de tête, tout sourire maintenant. Ma mère, par contre, a toujours les bras croisés devant la poitrine et les sourcils légèrement froncés. Je sais à quoi elle pense. Elle repense à la dernière fois, elle se demande si j'ai changé, si ce qui s'est passé pourrait se produire à nouveau...

— Je peux y aller ?

Et là, le silence. Je peux voir tous les souvenirs de quatrième dans son regard. Elle s'interroge. Mais elle doit bien voir que j'ai changé quand même, non ? Ouais, j'ai merdé en quatrième, mais ça me semble parfois si loin que j'ai l'impression d'être une autre personne. D'un discret hochement de tête, je vois qu'elle approuve.

— C'est d'accord, elle lâche dans un soupir résigné. Par contre, tu fais gaffe à toi, et je veux que tu me tiennes au courant s'il y a le moindre problème. Même si c'est dans la nuit, je viens te chercher.

— Oui, c'est promis !

— J'ai pas fini ma grande, elle rajoute en levant un doigt autoritaire devant son visage. Tu ne rentres pas trop tard, et promets-moi d'ignorer cette merdeuse !

Elle me fait un grand sourire, et j'ai l'impression de revivre. Ma mère aurait fait les meilleurs discours avant une bataille, je pense que c'était ça son métier dans une vie antérieure. Parce que, quand je retourne dans ma chambre, je suis tellement motivée que j'ai presque hâte d'aller à la soirée pour lui montrer ce que je vaux, à Jess, pour lui montrer qu'elle ne m'intimide pas et que ce qu'elle dit ne m'atteint pas. Ma mère a raison : y aller, c'est la meilleure chose pour lui prouver, et je suis prête à le faire !

Je m'étale sur mon lit et j'envoie direct un message aux filles pour leur confirmer que ma mère m'autorise à venir. Quand je m'endors, cette nuit-là, je crois bien que j'ai continué ce rêve où Sam m'embrasse sur notre chanson préférée...

Interlude 1

f SUR FACEBOOK

Jessssy a créé un événement :
HALLOWEEN BABY
Rendez-vous chez moi à 20 h, le 31/10.

Claygne a répondu :

Ptn j'ai trop hâte !

Lilou48 a répondu :

Moi aussi ! Ça va être le feuuuu !

Quentin-tarou a répondu

@Sidouille T'as ton costume frr ?

Sidouille a répondu :

@Quentin-tarou Je l'ai commandé y a
6 mois déjà ! Tqt même pas.

Jessssy a répondu :

Par contre, non pour les costumes ! Sérieux, venez
pas déguisés les gars.

Quentin-Tarou a répondu :

C'est un peu le concept Halloween en fait !

Jessssy a répondu :

Je m'en fous, le premier qui vient déguisé, je le vire
de chez moi !

EN DM INSTA

Manontroy :

Du coup t'as invité qui à la soirée ?

Jessssy :

Les best évidemment.

Manontroy :

J'en fais partie, ça va !

Jessssy :

Par exemple, la crasseuse de Romane, elle vient pas, c'est mort.

Manontroy :

Mdrrrrrr évidemment qu'elle est pas invitée.

Jessssy :

Elle a pas intérêt, mais elle aura jamais les couilles de venir de toute façon ! Sinon je la défonce.

Manontroy :

Ah, j'ai presque envie qu'elle vienne pour voir ça !

Chapitre 5

(Passé)

Année de quatrième, début octobre

Je me souviens très bien de la première soirée. Celle qu'Amandine m'a proposée en me disant : « Ça va être génial, tu le regretteras pas, je te jure. » Putain, si j'avais su ! Je l'ai regrettée, forcément, mais j'ai remis ça. C'était la première soirée d'une longue série. Jusqu'à la dernière, la pire. Celle qui a tout changé.

Il fait nuit depuis un moment déjà. On entend que le bruit des talons d'Amandine sur le trottoir. Sinon, autour, personne. Pas un bruit, pas même un p'tit chat. Le grésillement d'un lampadaire parfois, à la *Walking Dead*, mais surtout les pas hyper assurés de ma pote. Moi, avec mes baskets, aucun risque que je fasse du bruit ! Pour tout dire, je fais même tout pour être la plus discrète possible. Pas Amandine. On dirait que les nuits de Montpellier lui appartiennent. Ses cheveux se balancent en rythme, et je me sens si nulle à côté... J'ai l'impression d'être son enfant, parce que même si j'adore les baskets, je kifferais porter de beaux talons, comme les siens qui lui font des jambes interminables. J'ai l'air d'un bébé mais ça m'évitera d'attirer le regard des autres.

— Allez, dépêche-toi, plus on est en retard, moins on a d'alcool dans le sang ! elle me lance en souriant.

Elle m'attrape le bras. Oui, parce que même en talons, elle avance actuellement plus vite que moi. Je flippe. Voilà, c'est dit. Ma mère m'a toujours dit de faire attention, et là, il est 21 h, je suis une pote vers je ne sais où, et je n'arrête pas de me dire : « Si on tombe sur un groupe de mecs malveillants... » Du coup, je ne profite pas trop de la balade nocturne. J'imagine le pire.

— Tu stresses ou quoi ? T'inquiète pas, t'es avec moi, ça va bien se passer ! Ça va être une soirée de fou.

La seule chose qu'Amandine a bien voulu me dire, c'est que ses potes étaient plus âgés, déjà au lycée. En terminale même, pour la plupart. Je n'ai pas envie que ses potes me prennent pour la petite cousine de dix ans d'Amandine... Mais évidemment, je garde cette pensée pour moi.

On continue de marcher et je la suis aveuglément. On arrive dans un quartier de Montpellier que je connais moins bien. Les rues sont toujours désertes, mais j'essaie de ne pas trop me retourner pour qu'Amandine ne me capte pas. Je n'ai pas envie qu'elle me prenne pour une merde. Enfin, l'air de rien, dans ma tête, je note le chemin pour être sûre de pouvoir retourner chez moi sans me perdre. On ne sait jamais ce qu'il peut arriver, surtout avec mon téléphone qui est déjà à 9 %...

On doit marcher depuis déjà vingt minutes. J'ai l'impression qu'elle m'emmène à l'autre bout du monde, et quand je me dis que c'est bon, on ne doit vraiment pas être loin, on se retrouve à attendre un bus.

On se pose au fond : seul spot pour regarder les gens rentrer et les analyser ! C'est un truc que j'adore faire : observer les gens. Pas pour me moquer. Amandine, elle, les regarde totalement pour les juger : « T'as vu ce mec ? Il est vraiment trop beau. Il doit avoir vingt ans, ça m'attire encore plus... » ; « Et elle, tu penses que c'est sa copine ? Parce qu'elle est vraiment moche ! » Tandis que moi, j'essaie juste de comprendre qui ils sont : d'où ils viennent, qu'est-ce qu'ils font comme boulot ? Je récupère le max de détails en les regardant et je me fais des films sur leur vie... Je ne sais pas pourquoi, mais ça me fait kiffer !

— T'as dit quoi à ta mère pour sortir ? elle me demande en peaufinant son rouge à lèvres avec son portable en guise de miroir.

— Bah je lui ai dit que j'allais dormir chez une pote...

— Et elle t'a crue ? Putain t'es trop forte ! elle lance en me souriant. Ça va mon rouge à lèvres là ?

J'approuve d'un petit hochement de tête. Je suis tellement contente de l'entendre me dire que j'assure, que je suis presque contente et fière de moi. Pourtant, quand j'ai commencé à mentir à ma mère, je ne faisais pas la fière. Ma mère est hyper lucide mais, sur le coup, elle était claquée, alors elle n'a pas fait gaffe. Elle ne m'a même pas demandé le nom de la pote chez qui j'allais dormir. Et pour ça, je dois remercier Maxou qui l'a saoulée pour qu'elle lui achète un nouveau jeu Nintendo pile à ce moment-là.

Je souris, et je lui demande si je peux prendre son rouge à lèvres. J'ai juste envie de ne plus être l'adolescente bloquée dans son corps, mal à l'aise dans sa peau. Amandine est tellement canon, je ne veux pas avoir l'air d'une merde à côté d'elle en arrivant.

— Il te va grave bien ! elle me dit avec un clin d'œil.

— T'en fais souvent des soirées comme ça ? je demande.

— Mais meuf, tu crois que les samedis soir ont été inventés pour quoi ?

On se met à rire et elle enchaîne en me racontant ses dernières soirées. Plus elle parle, plus j'ai l'impression qu'elle est déjà hyper adulte et hyper mature. Elle me raconte les cuites qu'elle a prises, les alcools qu'elle préfère boire, la boîte où elle adore aller avec ses potes. À un moment, elle se penche même vers moi avec un petit sourire et me fait une messe basse :

— J'espère que Maxime sera là ce soir...

— Maxime ? je répète avec un sourire en coin.

— Ouais, c'est un lycéen. Il est en terminale, mais il a redoublé, donc en soi, il a dix-neuf ans maintenant. Il est vraiment mature.

C'est drôle, je pense la même chose sur elle. Mais je ne dis rien, je suis juste trop excitée de l'entendre se confier à moi. C'est la preuve qu'elle a confiance, qu'on commence à partager des trucs, qu'on devient vraiment amies, quoi.

— Eh ben, balance ! Reste pas en suspens, j'ai envie de te secouer ! je dis en riant.

— Bon OK, tu gardes ça pour toi mais... je le trouve hyper sexy tu vois. La dernière soirée, on s'est retrouvés dans la chambre de la mère d'une pote et on s'est embrassés. Mais je pense que ce soir, ça sera la bonne...

Elle hausse les sourcils pour que je comprenne bien son allusion. Elle parle de sexe avec tellement de tranquillité. Je passe le reste du trajet en bus à lui poser plein de questions sur ce fameux Maxime, sur ce qu'elle a déjà fait, pas fait. Elle répond et, heureusement, ne me pose aucune question.

— Putain, merde, on descend là ! elle s'exclame en se levant d'un coup. Monsieur, ouvrez les portes s'il vous plaît !

Le conducteur freine d'un coup, et on le remercie en chœur avant de descendre sur le trottoir. On rigole encore quand on arrive devant un petit immeuble. On n'a même pas le temps d'appuyer sur la sonnette qu'on entend une voix crier :

— Ah bah enfin ! Meuf, on croyait que tu venais plus ! Les mecs, elle est là !

Je lève la tête, et je vois un gars penché à la rambarde d'un balcon. Une bière dans une main, une cigarette dans l'autre. Il est blond, les cheveux relevés sur la tête, assez mince, avec un p'tit polo Lacoste qui laisse voir un collier.

— C'est lui, Maxime ? je murmure pendant qu'on traverse le hall en direction de l'ascenseur.

— Mais nooooon, jamais ! Lui, c'est juste Julien, elle lâche en rigolant.

L'ascenseur monte les étages, mais mon cœur est resté au rez-de-chaussée tellement il est lourd. J'angoisse d'avoir cette dégaine-là. Je ferme les yeux quand les portes en acier s'ouvrent, et je répète mentalement : « Sois la meuf sociable. » Hors de question d'avoir l'air fermée pendant cette soirée !

— C'est ma go, ça ! Ça va ? s'écrie une fille en se jetant dans les bras d'Amandine.

Elles crient d'excitation, rigolent, se serrent dans les bras. Finalement, quand elles se séparent, je peux voir que la pote d'Amandine est une jolie métisse, avec des cheveux crépus magnifiques et un sourire digne des pubs pour dentifrice Colgate.

— Et je te présente la best, Romane, ma pote de cours.

— Salut ! Moi, c'est Alicia.

Elle me fait la bise, ce qui me surprend, mais je souris, comme si je ne manquais pas du tout de confiance en moi entre deux filles qui ressemblent à des bombas latinas.

— Les gars, dégagez du canapé et faites de la place aux meufs ! lance Alicia en poussant les pieds des mecs assis partout dans la petite pièce qui sert d'appartement.

Amandine sort une bouteille de vodka de son sac. Je n'ai pas le temps de me demander comment elle a pu la faire tenir là-dedans qu'elle me présente à tous ses potes. Tous grands, tous beaux, tous si adultes. Julien. Maxime. Alicia. Kévin. Maria. Alexandre. Emma. J'oublie les autres prénoms. L'appartement est si petit qu'on ne peut pas bouger sans toucher quelqu'un.

J'ai l'impression d'être un Minimoys. Je souris, je rigole aux blagues de certains, mais dès que possible, je me cale contre un mur pour ne pas rester au milieu de l'attention. Je suis la conversation, mais je n'ose pas prendre la parole. À un moment, j'ai même l'impression d'être invisible jusqu'à ce que le mec du balcon se cale à côté de moi. Il me tend une bière, et même si je n'aime pas ça, je n'oserai jamais lui dire non tellement son attention est gentille.

— Ah merci ! Julion, c'est ça ?

— Yes, bonne mémoire ! il me dit en souriant. Alors, t'es en cours avec Amandine, c'est ça ?

— Ouais, mais on se parle que depuis peu. Et toi ? Tu fais quoi ? je demande, en évitant toujours de parler de « collège », comme si c'était un mot interdit.

— J'ai arrêté mes études, je bosse dans la boutique de mon père et puis... je profite quoi ! J'crois que la vie c'est fait pour ça à la base !

Il me tend sa bouteille de bière. Je lui rends son sourire et trinque avec lui. Julien devient presque mon pilier pendant toute la soirée. En tout cas, c'est mon serveur, parce que dès que mon verre est vide, hop, il m'en donne un autre. Il est drôle, déroutant presque, et même si je ne comprends pas toujours toutes ses blagues, on rigole bien. Il arrive à faire des expressions incroyables avec son visage !

Amandine est clairement la best. Elle illumine le minuscule appartement, elle le remplit de son rire. Dès qu'elle commence à parler, tous les regards se tournent vers elle, moi la première.

À un moment, elle se lève du petit pouf sur lequel elle était assise depuis le début de la soirée et elle se rapproche de moi. En passant un bras autour de mon cou, elle trinque à son tour avec mon nouveau verre de Malibu servi par Julien. Je sens à son haleine qu'elle ne doit pas en être à son premier non plus.

— À nous, on emmerde tous les haters !

Toute la bande reprend en levant son verre : « Grave ! » Je prends une gorgée, tranquille, mais je me rends compte que tout le monde part en cul sec. Amandine lève mon verre pour m'obliger à finir. Quand je le repose, vide, elle crie et frappe dans ses mains. J'essaie de cacher le dégoût d'avoir bu autant et cherche un truc à manger, mais je ne tombe que sur deux chips qui se battent en duel au fond du bol.

— Romane, viens avec nous ! lance Amandine depuis le balcon.

— Qu'est-ce qui se passe ? je demande, en détaillant Julien qui se tient à côté d'elle avec un sourire qui ne me dit rien qui vaille.

— Julien vient de parier que t'étais pas capable de boire cul sec un shooter de vodka.

Elle rigole tellement qu'elle a du mal à parler. Elle passe sa cigarette à Julien qui me regarde toujours avec un drôle d'air. Il tire sur sa clope et me tend un shooter déjà tout prêt.

— Alors, j'ai pas raison ? il me demande.

Je regarde Amandine. Son rouge à lèvres s'est à moitié barré. Abandonné en partie sur ses multiples bières, j'imagine, ou dans le cou de Maxime... Pourtant, elle a toujours l'air aussi adulte. Je baisse la tête, de quoi j'ai l'air sans déconner ? Je n'aime pas boire, je n'en ai même pas envie. Je n'ai jamais goûté à la vodka, mais rien que l'odeur de dissolvant me donne envie de gerber... Pourtant, je ne sais pas si c'est en les regardant, en me rendant compte que tout le monde derrière moi a arrêté de parler pour savoir si j'allais le faire, mais je prends le shot que me tend Julien et, sans réfléchir, j'avale la vodka cul sec.

La seule chose dont je me souviens après, c'est de m'être retrouvée courbée en deux en m'étouffant tellement je suis en feu. Amandine rigole en me tapant doucement le dos, mais ça n'empêche pas ma gorge de me brûler comme jamais ! Le goût est infâme et je bois le second contenu que me tend Maxime, qui nous rejoint sur le balcon, sans réfléchir. Heureusement, c'est juste du jus d'orange ! Quand je me redresse, tout le monde m'applaudit, sauf Amandine qui ne me calcule plus. Elle est trop occupée avec Maxime apparemment...

Le reste est si flou... Même si on était posés dans l'appart, et que j'aurais aimé qu'on y reste parce que je m'y sentais en sécurité, la seule chose que je me rappelle, c'est qu'on a marché en pleine nuit, chacun une bouteille dans la main. Julien, Alexandre et Emma, je crois, ont récupéré des caddies et on a fait des courses dans les descentes. C'est seulement quand Emma s'est cassé sévèrement la gueule contre le bitume qu'ils ont arrêté. J'ai tendu à Julien la bouteille que je gardais pour lui et on est tous repartis, bras dessus, bras dessous. Ou, pour Maxime et Amandine, langue dessus et langue dessous. Les autres mecs étaient obligés d'aller les chercher dans les petits coins de rue où ils se calaient pendant que les autres s'enjaillaient.

Finalement, on a fini par se poser dans un Abribus. Je me souviens juste que je me sentais forte avec eux. Ils jouaient à des jeux débiles, où on perdait forcément, mais qui nous donnaient une bonne excuse pour terminer nos bouteilles. Rapidement, il n'y a plus eu aucune goutte d'alcool disponible.

Je me souviens par contre du moment où ça a dérapé. Adossée contre le mur râpeux de l'Abribus, entre un mollard et des mégots écrasés, je ne pouvais plus fermer les yeux. La tête me tournait et j'étais au bout de ma vie. Mon estomac remontait dans ma gorge. À ce moment-là, mon seul réflexe a été de chercher Amandine. Je ne l'ai vue nulle part. Maxime non plus... Quand j'ai vomi toutes mes tripes, c'est Julien qui me tenait les cheveux. Alors oui, il s'est bien foutu de ma gueule, mais Amandine n'était pas là. J'ai fini par m'endormir au milieu de tout le monde, sous l'Abribus... Et même si mon corps n'était plus opérationnel, mon esprit l'était, et je me répétais sans cesse : « T'es vraiment conne, d'avoir menti à ta mère, d'avoir suivi cette fille instable. »

Le lendemain matin, je ne sais même pas comment j'ai réussi à rentrer chez moi. Je marchais sur la pointe des pieds. Pas pour éviter que ma mère ne m'entende, mais pour que mon crâne n'explose pas. Maxou, planté devant la télé avec son bol de céréales, se fichait royalement de ma migraine de lendemain de cuite.

— Bah, t'as passé la nuit dans une poubelle ou quoi ?

Je n'ai pas réagi parce qu'une nouvelle épreuve m'attendait : ne pas me faire remarquer par Louise. Si elle avait senti que j'étais explosée, elle en aurait profité pour accourir vers ma mère et lui balancer l'état dans lequel je suis. Du coup, délicatement, j'ai tourné la poignée et je me suis explosée dans mon lit. J'ai attendu deux minutes avant de me détendre complètement : elle dort comme un bébé, ouf ! Le matelas me faisait tellement plaisir après avoir dormi sur le béton dégueulasse ! Même si la tête me tournait encore quand je fermais les yeux, j'étais soulagée d'être rentrée. Saine et sauve, chez moi.

Le goût de bile que j'avais dans la bouche, par contre, je ne savais pas s'il était dû à l'alcool, ou à l'absence totale d'Amandine qui m'avait forcée à boire, mais qui n'avait pas été foutue d'être là pour moi au moment où j'avais vraiment besoin d'elle...

Chapitre 6

(Passé)

Année de quatrième, début octobre

Quand je me réveille le lendemain matin, j'ai le sentiment que toute la colère que j'avais en moi s'est un peu apaisée. Comme si elle était devenue un bruit de fond, toujours là, mais noyée sous l'alcool. Sans doute étranglée par ma gueule de bois monumentale. J'ai du mal à ouvrir les yeux le lundi matin, et pourtant, j'ai passé le dimanche à comater et à chiller dans mon lit.

J'arrive en cours et je trouve Amandine devant les portes du collège, absolument rayonnante. *Comment elle fait, sérieux ?* je me demande en allant lui faire la bise. Pas de cernes, pas de rougeurs, pas les yeux gonflés. Cette fille n'est pas humaine !

— Alors, cette première cuite ? elle me demande en rigolant, en me tapotant l'épaule pendant qu'on se dirige vers notre salle de cours.

— C'est affreux... J'ai passé tout mon dimanche au lit. J'étais défoncée.

— Tu m'étonnes, elle répond en riant. T'as fini la moitié d'une vodka à toi toute seule. Ta mère n'a pas cramé ?

Je marque une pause en repensant à la journée d'hier. Je n'étais plus à un mensonge près, alors j'ai un peu arrangé la réalité. À cette époque, je sentais au fond que ce n'était pas en Amandine que j'aurais dû croire, que c'est à ma mère que j'aurais dû faire confiance. Mais je me sentais si libre, si forte, j'avais l'impression de vivre chez ma mère, ouais, mais d'avoir une telle indépendance ! Sortir, boire, mentir en une soirée... j'ai eu l'impression de revivre. De la pire des manières, en jouant avec un fil hyper fragile, mais je trouvais ça tellement génial !

Sur le coup, je ne regrettais rien.

La culpabilité était déjà là pourtant, tapie au creux de mon ventre.

Je l'ai juste noyée sous des verres d'alcool en espérant qu'elle disparaisse.

Et, bien sûr, elle n'a pas disparu. Mais, ce lundi matin, je ne le savais pas encore...

Je ne savais pas encore que la culpabilité, c'est une araignée qui tisse sa toile jusqu'à dévorer tous les bons souvenirs qu'elle a créés...

— Non, je réponds à Amandine après un moment. Je lui ai juste dit que j'avais une gastro et elle m'a crue !

Amandine explose de rire, elle imagine sûrement la bêtise de ma mère, de se laisser berner comme ça. Mais, forcément, quand ta fille ne t'a jamais menti et qu'elle sort se mettre une race, tu ne t'imagines sûrement pas une seconde que la vérité a un goût de Malibu-ananas.

— J'aurais pu le dire, vu ta tête. Je crois que t'as encore la trace de l'oreiller, là, elle dit en désignant une marque invisible sur ma joue.

— M'en parle pas. Je crois que je m'en suis toujours pas remise. Plus jamais je bois de ma vie !

Et je le pense un peu. Mon estomac est d'accord avec moi en tout cas.

— Mdrrrr tu rêves ! Tu verras, on s'y habitue ! Et puis Julien t'a trouvée hyper sympa, elle me lance avec un clin d'œil.

Je voudrais lui répondre, j'ai un millier de questions, mais on est déjà en cours et je ne peux plus parler. Amandine savoure ma frustration, mais je ne m'avoue pas vaincue. Assise à côté d'elle, je sors ma trousse, mon cahier, mon agenda, et je déchire le premier bout de papier qui me passe sous la main. La prof de français est hyper sévère : au premier bavardage, je sais que je risque gros, alors je préfère noter, parce que, clairement, je n'arriverai pas à attendre la fin du cours pour en apprendre plus.

« Il t'a dit quoi ? »

Je plie le papier en huit, au moins, et je le fourre dans sa trousse quand Mme Alameda a le dos tourné. Amandine fait bien exprès de ne pas le voir. Elle prend des notes ; pour la première fois depuis que je la connais, elle est genre hyper attentive. Je bous d'impatience à côté, mais j'ai beau lui mettre des petits coups de coude, lui montrer mon mot, elle continue de jouer à l'intello. Elle ne me lance même pas un regard, rien. Et plus elle m'ignore, plus je sens que la colère ressort.

Bien décidée à savoir ce que Julien pense de moi, je déchire un nouveau morceau de mon agenda et je recommence : « DIS MEUF ! »

Je le plie en boulette, et je le lance dans la trousse de ma voisine. Mais Amandine m'ignore toujours. Pas un geste. Pas un mot. Pas un regard. Mes mains commencent à trembler, j'aurais envie de lui demander de se retourner, de me parler, envie de la bousculer d'un coup.

Alors qu'en vrai, Julien, je m'en fiche pas mal. Il est plutôt beau gosse, oui, mais ce n'est pas mon style. Trop blond. Trop vieux aussi, et ça m'intimide. Mais ma confiance en moi apprécierait grave qu'un lycéen me trouve mignonne... et même belle, peut-être ?

J'ai besoin qu'Amandine m'explique ce qui s'est dit ; ma curiosité en a besoin aussi, j'avoue. Quand j'essaie de lui bousculer le coude, une nouvelle fois, elle se retourne enfin vers moi, mais elle me regarde, les sourcils froncés.

— Mais arrête, putain !

C'est un murmure, mais je ne sais pas pourquoi, il me rend dingue. Ça lui coûte quoi de me répondre ? De prendre mon fichu bout de papier et de simplement écrire en deux lignes ce que Julien a dit de moi ? Ça me concerne, elle le fait exprès ou quoi ? En trois mots, elle a ouvert la cage dans laquelle je contenais avec peine ma colère depuis le début du cours.

— Réponds-moi bordel, ça te prend deux minutes !

J'aurais dû chuchoter, comme elle, mais les mots s'échappent trop vite de ma bouche et, une fois sortis, je les regrette déjà. Mme Alameda se retourne. Elle abandonne pendant deux secondes le tableau et la troisième étape pour « bien réussir sa rédaction de texte ». Ses yeux me jettent des éclairs. Et pas ceux au chocolat. Sauf qu'à cette époque, je n'étais pas du genre à baisser les yeux, à rougir et à m'excuser.

— Mademoiselle, premier avertissement de la journée, il n'y en aura pas deux !

Elle me menace avec sa pauvre craie, on dirait qu'elle est encore bloquée au siècle précédent. Je soupire, assez fort pour être entendue de toute la classe et je me laisse tomber en arrière sur ma chaise, les bras croisés devant ma poitrine. Mme Alameda se retourne pour continuer ses explications.

Amandine prend des notes ; retournée de trois quarts vers le tableau, elle me tourne presque complètement le dos. J'essaie de me calmer. Péter un câble en plein cours de français à 8 h 50 du matin, c'est ridicule. J'en ai connu des lundis matin compliqués, mais celui-là... Surtout que, comme j'allais bientôt le découvrir, il allait être bien pire...

— Donc, pour l'heure suivante, je vous laisse me faire une petite rédaction pour voir si vous avez bien compris la méthodologie. Vous avez une heure pour rédiger un texte sur « les rêves d'enfants » en appliquant tous ces conseils, énonce Mme Alameda en désignant le tableau noir du bout de sa craie blanche.

Heureusement, elle a laissé la méthodo parce que sinon, j'aurais dû improviser.

Rêves d'enfants ? Des rêves, j'en avais plein. Même un peu trop. Ils sont tous morts, écrasés par la réalité. Mais bizarrement, réfléchir à la rédaction m'apaise beaucoup. Je ferme les yeux en faisant tourner mon stylo entre mes doigts. Rêves... Je voulais une « famille unie », sans savoir ce que ça voulait dire exactement. Je crois que ce rêve-là, je le fais encore très souvent. Je me souviens aussi que je voulais juste apporter du bonheur autour de moi. Je pensais que c'était simple d'être heureux et de rendre les gens heureux. Maintenant, je sais que c'est une des choses les plus difficiles à atteindre.

Petite, je voulais sauver tous les animaux de la Terre et être architecte. Pas pour faire des immeubles en plein désert ou pour construire les plus hauts gratte-ciel. Non, je voulais être architecte pour faire des maisons avec des fenêtres en forme de cœur. Je me disais que c'était la meilleure façon de donner de l'amour aux gens. Si tu vis dans une maison d'amour, t'es forcément heureux, non ? Bon, après, j'ai appris qu'il fallait être forte en maths, ce qui n'était pas mon cas, et que de toute façon personne ne voudrait de maison avec des cœurs.

Je me penche sur ma feuille vide... Écrire n'a jamais été mon point fort. J'avais un journal intime il y a quelques années, mais j'oubliais d'écrire dedans la plupart du temps. Là, je suis devant ma feuille blanche, et d'un coup, les mots coulent tout seuls. Je note mon nom, prénom, classe, date, matière, « Sujet de rédaction : rêves d'enfants », et je commence à écrire sans trop faire attention. Tant pis pour la méthodologie franchement ! Pour la première fois, j'ai l'impression que les mots se suivent, que ce que j'écris n'est pas ridicule, et ça me fait un bien fou. Mais à un moment, je sors la tête de ma feuille, j'ai l'impression d'entendre un petit rire. Du genre qui se veut juste assez discret pour être entendu quand même.

Je lève mon crayon et tourne machinalement la tête à droite. Amandine me regarde, une main devant la bouche pour s'empêcher de rire trop fort. Elle pointe du doigt une phrase que j'ai écrite, mais je mets un moment à capter ce qu'elle me montre.

Quand j'étais petite, mon rêve était de devenir architecte. Je voulais apporter de l'amour aux gens en mettant des cœurs à la place des fenêtres.

D'un coup, je comprends qu'elle est en train de se foutre de ma gueule. Je la regarde, j'espère que je me trompe. Je jette un œil à sa copie pour voir ce qu'elle a fait, elle :

Plus jeune, mon plus grand rêve était que mes peluches se mettent à parler.

Elle affiche un grand sourire, comme si son rêve était meilleur que le mien. Sauf que le mien n'était pas égoïste ou irréalisable. Puis ce sont des rêves d'enfants, où est le problème ?

— C'est si mignoooon, elle me murmure en allongeant la dernière syllabe.

— Oui, c'était mignon, et alors ?!

Ma voix, encore une fois, est plus forte que ce que j'aurais voulu. Mme Alameda, assise derrière son bureau, relève les yeux ; ensuite, c'est tout son corps de tortue qui se redresse.

— Maintenant, mademoiselle, c'est fini ! Je ne supporterai pas que vous perturbiez mon cours plus longtemps. Vous me donnez votre copie, votre carnet de correspondance et vous allez à la vie scolaire !

— Quoi ? Mais j'écris là ! je lance en me redressant, indignée.

— Vous n'avez pas parlé, peut-être ?

— Alors quoi ? J'ai pas le droit de juste parler ?!

— Je ne supporterai pas cette insolence. Le carnet et dehors !

Amandine me regarde, se mord la lèvre inférieure, comme si elle était désolée. Je ne réfléchis pas plus longtemps, je fourre toutes mes affaires dans mon sac en moins de deux, puis je me lève, je balance sur la table de la prof mon carnet, ma rédaction et je me barre. Je n'ose même pas regarder Amandine. Encore une fois, je me sens ridicule et je suis énervée par ses moqueries à la con.

Je vais m'asseoir sur notre banc, au fond de la cour, et je ne relève plus la tête de mes chaussures. Je vais encore avoir le droit à un mot « insolente » qui va rendre ma mère folle. Pourquoi ça me touche autant qu'Amandine trouve mon rêve nul ? Moi, je le trouvais beau, idiot peut-être, mais beau. Tous les rêves d'enfants sont beaux et ridicules, non ? Même si je veux être photographe aujourd'hui, j'aimerais qu'il existe vraiment des « architectes, spécialistes en fenêtres-cœurs », au moins c'est mims.

Plus le temps passe à attendre seule sur mon banc, plus je me dis qu'Amandine a raison, c'est ridicule ce rêve d'enfant. Parler à des peluches comme dans *Toy Story*, j'en ai toujours rêvé aussi, et c'est carrément plus stylé. Je n'arrête pas de scruter le préau en attendant la fin de l'heure.

Enfin, je la vois qui arrive avec sa chevelure rousse, ondulée, parfaite. Ses boots piétinent le bitume de la cour et elle se pose à côté de moi, avec le sourire.

— Désolée !

— Moi aussi j'suis désolée !

On rigole et je la laisse reprendre en premier, pour voir ce qu'elle a à me dire.

— J'aurais pas dû me foutre de ton rêve, j'suis vraiment désolée...

— Pas grave, t'inquiète... Et puis t'as raison, mon rêve est complètement ridicule en plus.

Je marque une pause puis, hésitante, je finis par poser ma question :

— Mais du coup, il a dit quoi Julien ?

— Julien ? Ben il a rien dit de plus que « Romane est hyper sympa. »

— Ah....

On regarde les autres élèves dans la cour sans un mot de plus. Elle s'allume une cigarette, même si c'est interdit dans le collège. Mais rien ne semble jamais vraiment interdit pour Amandine. Elle tire dessus et me regarde avec un air digne des actrices de

Pretty Little Liars, genre quand elles sont sur le point d'aller au seul endroit où on leur a dit de ne pas aller.

— La journée a mal démarré, mais on peut grave y remédier.

— Moi aussi. Ça me ferait plaisir d'étouffer Mme Alameda avec ses craies, mais je crois que c'est interdit, non ?

— Mais non, pas ça, répond Amandine en rigolant et en écrasant son mégot en dessous du banc en béton. Viens, on sèche les cours juste cet aprèm ? Ça a mal commencé donc autant se barrer d'ici !

Demander à une ado mal dans sa peau, avec une colère qui lui bouffe les entrailles de sécher le seul endroit sur terre où elle se sent si mal, c'est comme lui offrir la bouffée d'air qui lui permet de ne pas mourir étouffée. Donc j'ai dit oui. Sans hésiter.

J'étais tellement fière en sortant du collège à la pause de dix heures ce jour-là. Amandine et moi, on a quitté le collège comme des daronnes qui venaient d'y déposer leurs gosses. Sereines. J'avais la tête haute, le sourire, et quand même un peu le ventre noué. C'était la première fois que je séchais un cours.

À ce moment-là, j'avais des progrès à faire en termes de gestion de la colère, de confiance en soi, de gestion de l'adolescence quoi ! Et Amandine n'était pas du tout la fille qu'il me fallait pour revenir sur le droit chemin. En fait, c'était même la pire fille pour m'aider à gérer tout ça, mais j'étais trop perdue à l'époque pour m'en rendre compte...

Chapitre 7

(Présent)

Fin octobre

Halloween, H-3 les gurlz !

Je relis le message de Sofia en boucle et je n'en reviens pas que ce soit déjà Halloween ! Ça fait tellement un bail que je ne suis pas sortie la nuit. La dernière fois, ça s'est tellement mal terminé que j'angoisse un peu d'aller à celle-ci, même si aucune soirée ne se ressemble, heureusement (ou pas). Mais je n'arrête pas de me dire qu'il y a tellement de choses qui pourraient mal se passer : Jess qui me capte, l'abus d'alcool, Sam...

Je suis plantée devant mon armoire sans savoir quoi mettre. La seule chose dont je suis sûre, c'est que je ne referai pas les mêmes erreurs que l'année dernière. J'essaie de ne pas penser à Amandine, aux conséquences horribles de l'avoir eue dans ma vie. Là, je vais être avec Sofia et Camille, mes deux meilleures potes. Avec elles, je me sens forte, et surtout en confiance. Et puis, bizarrement, le fait que ma mère m'autorise à y aller, ça me rassure aussi.

Maintenant, il ne me reste plus qu'à trouver une tenue ! Pourtant, des fringues, j'en ai. Même trop. Mais on est d'accord qu'on utilise seulement 15 % de nos fringues ? Les trois premiers tee-shirts qui se trouvent au-dessus de la pile, quoi. J'aurais dû m'y prendre plus tôt, mais je ne croule pas sous l'argent de poche en ce moment... Je voudrais juste me sentir moins adolescente, sans pour autant devenir une autre personne, mais juste trouver des fringues qui m'aillent bien, qui soient *moi*, qui me ressemblent et qui me mettent en valeur. Déjà, les baskets, c'est mort pour ce soir !

Alors que je fouille dans mon armoire, je tombe sur une robe bien particulière. Je ne l'ai mise qu'une fois. Elle pue encore la cigarette quand je colle mon nez dessus, les paillettes sont arrachées par endroits, le tissu est taché à d'autres. Il faudrait peut-être que je la jette, je sais que je ne vais jamais la remettre. Je la repose sur son cintre avant de soupirer, exaspérée.

— Louiseeeee, baisse la musique ou mets tes écouteurs please ! je finis par lui demander un peu fort, car depuis trente minutes je ne dis rien, et je l'entends augmenter le son sans penser au fait que je n'ai peut-être pas envie d'écouter sa musique.

Elle m'ignore, comme à son habitude, et me nargue en augmentant le son au maximum. Je pense que même la grand-mère sourde du quartier l'entend de chez elle !

Je finis par prendre son téléphone pour éteindre moi-même la musique.

— Tu fais quoi là ? Tu touches pas à mon téléphone !

— Mais je m'entends même plus penser à cause de ta musique ! T'es pas toute seule à vivre ici, tu sais !

Comme à chaque fois, Louise et moi, on ne se parle pas, on se crie presque dessus. J'aimerais que ça se passe mieux, mais elle fait tout pour m'énerver à chaque fois, et je dé-tes-te qu'on me manque de respect...

— Je pourrais mettre la musique que je veux si je partageais pas cette minuscule chambre avec toi ! elle me lance.

Je suis sûre qu'elle espère que je craque et que je lui dise ses quatre vérités, que je n'ai jamais voulu partager cette chambre qui n'était que la mienne avant qu'elle décide de venir vivre à la maison et qu'elle a tout chamboulé dans mon cocon, mais je me retiens. Je ne veux pas lui balancer des trucs que je vais regretter. Et puis avec la colère, ça risque de partir sur des trucs qui n'ont rien à voir...

— Non, je voudrais juste me concentrer pour trouver une tenue cool pour ce soir, alors baisse le son s'il te plaît !

Fière de moi d'avoir essayé de calmer la situation, je vais pour continuer à chercher ma tenue et je l'entends murmurer dans son coin :

— De toute façon, si c'est pour revenir comme un déchet comme l'année dernière parce que personne t'aime, tu peux même mettre un sac-poubelle !

Ah, mais j'aurais envie de lui claquer la tête contre le mur parfois ! Je fais comme si je n'avais pas entendu, les poings serrés. Elle est tellement fière d'elle avec son petit sourire en coin, mais je ne craque pas et je retourne à mes occupations. Bien sûr, elle augmente le son encore plus fort. Je suis à deux doigts de retourner la voir quand je crois entendre la sonnette de l'entrée retentir. Je tends l'oreille pour essayer de percevoir un truc au-delà de ce bordel. Rien. J'ai dû rêver. Je prends mon portable pour regarder Insta, le temps que ma colère se calme un peu. Il suffit d'une photo pour que je ne fasse même plus attention à la pseudo-boîte de nuit de Louise.

Il est là, entouré par deux potes, en tenue de foot. Il a clairement plu pendant le match, parce qu'il a les cheveux trempés qui lui retombent sur le front. Il a un énorme sourire. C'est la seule chose que je vois. Ça, et ses bras hyper musclés passés autour du cou de ses potes. C'est normal d'être aussi canon ? Même dans une tenue de foot dégueulasse et pleine de boue ? Et MÊME si c'est l'un des meilleurs potes de la fille qui me déteste le plus ?

Mais, d'un coup, la porte de la chambre s'ouvre et Maxou passe une tête ravie à travers l'entrebâillement.

— Roooooooom, tes copines sont là ! il me sort en faisant une danse avec ses p'tites fesses.

Et je vois effectivement Sofia et Camille derrière lui, toutes timides d'être chez mes parents. Donc j'avais bien entendu la sonnette de la maison ! Comme par magie, Louise a arrêté la musique pile quand mes copines sont arrivées. Quelle hypocrite ! Comme une ado blasée, elle soupire, descend du lit du haut et part direct dans le salon en râlant qu'elle a mieux à faire qu'écouter nos histoires nulles.

Je fais la bise à mes deux potes. Difficile avec Sofia, qui transporte un sac énorme rempli de maquillage. OK, elle va nous préparer pour le Festival de Cannes, en fait ? Elles ont l'air tellement excitées que ça me fait oublier tout ce qui pourrait mal se passer pendant cette soirée. Leur joie de vivre est ultra contagieuse ! Mais d'un coup, je m'interromps et regarde la petite tête blonde plantée derrière la porte.

— Euh, Maxou, tu peux arrêter de nous espionner ?

Il déguerpit en deux minutes, comme un chaton effrayé, et sa façon de faire nous fait bien marrer. Il est tellement curieux qu'il aurait bien pu rester là encore longtemps. Mais hors de question qu'il nous écoute... On sait ce que c'est les conversations entre gurlz !

— J'ai prévu un make-up de ma-la-de mental ! s'extasie Sofia en posant son sac énorme sur mon lit. Sortez vos tenues pour que je puisse choisir les couleurs en fonction.

— Ouais, en parlant de tenue...

— Quoi ? m'interrompt Camille, presque paniquée. T'as pas encore trouvé ce que tu te mets ?

Je hausse les épaules avec mon air blasé.

— T'as rien acheté ? me demande Sofia.

—J'ai pas de thunes pour m'acheter une robe donc...

— Tu peux pas emprunter un truc à ta mère juste pour ce soir ? tente Camille.

En vrai, je pourrais. Je n'aurais qu'à demander et je suis sûre que ma mère me donnerait toutes les fringues que je veux pour la soirée. En plus, l'avantage, c'est qu'on fait la même taille, même si je suis un peu plus petite qu'elle. Du coup je fouille dans son armoire, j'essaie de trouver des fringues qui ne craignent pas trop par peur de les abîmer durant la soirée. Je ne cherche pas ma robe de mariée, mais presque. Et ça y est ! On trouve la tenue parfaite ! Je tourne sur moi-même pour que les filles la valident : un jean, un top en dentelle tout mims et une paire de talons qui, je le sais déjà, vont me dégommer les pieds. Camille valide la tenue d'un hochement de tête, mais Sofia a déjà le nez fourré dans son sac pour en sortir tout l'attirail.

— Je commence par qui ? elle demande avec ses pinceaux à la main.

Elle ne nous laisse même pas le temps de répondre qu'elle me pointe avec un de ses pinceaux.

— Rominet, à toi !

Je m'assieds sur le bord de mon lit pendant qu'elle ramène la chaise de mon bureau devant moi. Je n'ai aucune idée de ce qu'elle fait mais s'il y a bien une personne à qui je fais confiance pour le make-up, c'est Sofia ! Pendant ce temps, Camille chille sur son portable avec de la musique en fond.

— Merde, j'ai déjà plus de batterie ! Rom, j'peux prendre le tien et mettre le mien à charger ? elle me demande en s'emparant déjà de mon téléphone et mon chargeur, posés en évidence sur mon bureau.

— Ouais, vas-y !

Sofia m'oblige alors à fermer les paupières pour appliquer je ne sais pas trop quoi. Une base apparemment. Mais, alors que je suis là, les yeux fermés, je ne sens plus de coups de pinceau, ou d'eye-liner, ou de rouge à lèvres... Rien. Sofia s'est genre immobilisée.

— Meuf ? je lance.

Ni elle ni Camille ne me répondent. Quand j'ouvre les yeux, elles me fixent toutes les deux.

— Explique ! me lance Sofia avec un grand sourire en me fourrant le téléphone sous le nez.

Et là, je me rends compte que j'ai oublié de sortir d'Insta. Elles viennent de tomber sur la photo de Sam. Je pourrais mentir. Après tout, je ne maîtrise pas mon feed, mais je mets déjà trop de temps à répondre pour que ce ne soit pas suspect, et je pense que mes joues rouges m'ont bien trahie... Et merde.

— Non, mais tout de suite, vous !

Camille tape l'épaule de Sofia et lui lance :

— Tu vois, je te l'avais dit ! J'en étais sûûûûre !

— Mais je vous jure, y a rien du tout. Je le suis sur Insta, il est dans mon fil d'actualité c'est tout.

72

— Ouais, c'est ça, mytho ! Je vais te dire, j'ai Justin Bieber dans mon feed aussi, et c'est pas juste parce qu'il chante bien. Disons qu'il a d'autres qualités bien plus... intéressantes, lance Sofia avec un grand sourire.

— De toute façon, t'es amoureuse de lui depuis qu'il a chanté « *Baby, baby, baby, ohhhh!* », se moque Camille.

— Même pas, depuis *One Time* plutôt.

Sofia lui fait un grand sourire et ne peut pas s'empêcher de chantonner le tube de son « mec ». Au moment où je me crois sauvée et où je me dis qu'elles m'ont oubliée, Sofia revient à la charge en me pointant son pinceau à sourcils sous le nez.

— T'as cru qu'on allait zapper ? Sam, alors, tu le kiffes depuis quand ?

— Mais je kiffe personne, vous êtes ultra chiantes !

— Romaneee, commence Camille, tu peux pas nous mentir, pas à nous !

Elles se plantent toutes les deux devant moi, en me fixant, et elles essaient de prendre des airs suspicieux, mais ne tiennent pas plus de deux secondes. Je sens qu'elles ne vont pas me lâcher avec ça alors, d'un air ultra gênée, je finis par avouer que « Je l'aime bien. » Et bien sûr elles entendent : « Je suis amoureuse de Sam. »

— OH MAIS JURE ! Vous feriez un PUTAIN DE COUPLE ! En plus, je suis sûre qu'il est grave intéressé par toi, y a des regards qui ne trompent pas, me sort Sofia en reprenant mon make-up.

— Sofia, la motive pas ! Sam, c'est pas un mec bien, j'ai entendu plein d'histoires sur lui en vrai. Tu te souviens de Manon ? Il lui a brisé le cœur en début d'année. Genre pendant des mois elle lui courait après et il se foutait de sa gueule. Finalement, il est sorti avec elle pour la larguer une semaine plus tard. Il en a rien à foutre des filles ce gars.

— Mais arrête, c'est Manon qui voulait plus de lui, ça se voit que ce mec est ultra sensible. Je suis sûre qu'avec Romane, il serait bien. En plus, physiquement, ils iraient trop bien ensemble ! Moi, je dis faut qu'elle en profite et qu'elle tente.

Elles continuent comme ça pendant encore un moment, à débattre pour savoir si, oui ou non, je ferais bien de sortir avec Sam, quand je finis par interrompre le débat :

— Non mais les filles, ça sert à rien. Vous oubliez une chose : c'est le pote de Jess. Alors, laissez tomber !

D'un coup, bizarrement, le débat est clos et personne ne dit plus rien. Un drôle de silence s'installe dans la chambre et on n'entend plus que le bruit du pinceau de Sofia qui tourne et tourne encore sur le blush.

— Franchement, Jess, tu t'en fous. Je vois bien Sam lui dire d'aller se faire foutre juste pour être avec toi. Comme dans *High School Musical*, genre ! s'exclame Sofia, beaucoup trop sûre de la connerie qu'elle raconte.

Je suis prête à lui répondre quand la porte de ma chambre s'entrouvre légèrement, et qu'une petite voix demande :

— C'est qui Sam ?

— Maxou ! je crie en sautant du lit pour aller le chopper.

Je le prends dans mes bras de force. Il fait semblant de se débattre, de crier, et je le lâche sur mon lit. Je ne veux pas dire, mais ce gosse-là pèse vraiment plus lourd qu'il n'en a l'air ! D'un regard entendu avec les filles, on l'immobilise.

— Guiliiiis !

Sofia et Camille m'imitent, et on se jette sur lui pour le chatouiller partout. Il se tortille dans tous les sens et s'étouffe presque tellement il est mort de rire. On rigole autant que lui à le voir s'agiter comme ça. Grâce à Maxou, on passe à autre chose, et à mon grand soulagement, on ne parle plus de Sam de la soirée... Enfin, on n'en parle *presque* plus.

Chapitre 8

(Passé)

Année de quatrième, milieu octobre

Normalement, on devait aller en cours, puis on a décidé de les sécher et de faire ce qu'on voulait. Je me souviens de cette journée comme si c'était hier ! Je me rappelle que pour une journée d'octobre, il faisait hyper beau. Et surtout, que je me sentais bien. D'un coup, à peine le pas du portail passé, c'était comme si ma colère s'était évaporée. Amandine n'arrêtait pas de faire la con, et j'avais au fond du ventre cette excitation de faire quelque chose d'interdit. Ma culpabilité était étouffée dans un coin. Mais, comme j'allais le découvrir, elle reviendrait me hanter très vite.

En attendant, on sort avec Amandine, si fières de nous, genre les petites rebelles du collège. On se sent pousser des ailes, alors que le vrai courage, ç'aurait été de rester et d'affronter le regard des autres en allant au cours suivant. La vraie fierté, ç'aurait été de revenir calmée. Mais non, à la place, j'ai cru que le mieux à faire c'était de fuir. Fuir, c'est toujours la pire option. Je parle en connaissance de cause. Quand t'as un problème, tu te relèves et t'affrontes le truc en face.

Ma bonne excuse s'appelait Amandine, bien sûr. Sans elle, je me demande parfois si j'aurais eu l'idée et le courage de prendre mon sac, de me lever, de traverser la cour et de partir comme une fleur. En vrai, j'pense pas. Et en même temps, je ne peux pas tout mettre sur le dos d'Amandine. J'aurais dû lui dire « non », quand elle m'a proposé de sortir. Au lieu de ça, on se retrouve elle et moi en plein milieu de la ville, à zoner dans les magasins. C'est seulement là que je me rends compte que les boutiques sont vides le lundi matin. Je les ai toujours connues le week-end, le soir ; je n'ai jamais imaginé qu'à un moment elles puissent être vides.

— Bon, tu veux faire quoi maintenant ? me demande Amandine en mordillant la paille du gobelet d'Ice Tea qu'on vient d'acheter.

— Je sais pas, je te suis !

Elle me saisit la main et m'entraîne jusqu'au dernier étage, là où se trouvent tous les magasins de fringues. De l'autre, je n'arrête pas de caresser du bout des doigts, au fond de ma poche, le billet de vingt euros que j'ai pris dans le sac de ma mère. En fait, ce matin j'ai pris mes économies, et quand j'ai vu le peu que j'avais pour manger dehors à midi, j'ai eu cette idée que je n'avais jamais eue avant... « Et si j'empruntais un billet à ma mère ? » Sur le coup, le mot « emprunter », je le pensais grave. Et pour ne pas culpabiliser, je me suis juré de le lui rendre.

Mais maintenant, en caressant le papier bleu du bout des doigts, je n'y crois plus trop. Le pire, c'est que Maxou a failli me griller ! J'avais déjà mon sac sur l'épaule, ma veste, et j'étais sur le point de partir quand je me suis stoppée net devant le sac à main de ma mère. Et là, presque sans réfléchir, j'ai ouvert son portefeuille et glissé le billet dans ma poche. Le truc, c'est que Maxou est arrivé dans la cuisine à ce moment. À une minute près, il me voyait en train de chourer un billet à notre mère. Pire que de voler, le fait qu'il ait pu me voir me dégoûte. Je ne veux pas lui donner le mauvais exemple, et je refuse qu'il puisse faire un jour la même chose ! Je suis partie de la maison et j'ai fermé la porte pour m'adosser direct dessus. J'ai eu si peur, si honte, que j'en ai oublié de respirer. Depuis, je ne lâche pas le billet qui est resté au fond de ma poche. Ça a beau être un simple bout de papier, la culpabilité fait qu'il pèse une tonne.

— Tout le monde sera là. Franchement, ça va être trop bien ! s'exclame Amandine quand je me reconnecte avec la réalité.

— De quoi tu parles ? je demande, pas sûre de savoir de quoi elle parle.

Elle m'entraîne chez Bershka, en soupirant comme si j'étais une enfant à qui on devait tout répéter trois fois.

— Bah la soirée ! Allo meuf, t'es passée où ? Je te parle pas d'une petite soirée chez Julien là. Faut qu'on soit au top, elle me dit en plaçant une robe devant moi. Elle n'est pas assez bien à son goût et me fourre un autre modèle sous le nez.

— Mais c'est quel genre de soirée du coup ?

J'imagine déjà un genre de bal de promo à l'américaine, dans un gymnase totalement redécoré avec des guirlandes un peu partout.

— Je te laisse le suspense, tu verras !

— Allez... je supplie presque Amandine en la regardant démonter les portants de robes sans faire attention aux articles qui tombent par terre.

Je me retiens de tout ramasser pour éviter qu'elle me traite de maniaque, mais voir le travail qu'on rajoute aux vendeuses me rend malade.

— Bon, si t'insistes ! Je peux te donner des indices...

Elle fait mine de réfléchir en prenant une pose hyper dramatique. Index sur la lèvre, nez en l'air et yeux plissés. Du grand cinéma digne d'une grande actrice. Pour qu'Amandine parle de la soirée du siècle, c'est que ça doit vraiment être le feu. Parce que bon, déjà, les soirées dans l'appart de Julien sont grave cools, alors là, ça sera quoi ?

— Alors en quatre mots... danse, nuit blanche, alcool à gogo, beaux mecs ! elle lance le dernier avec un sourire coquin.

Je rigole un peu nerveusement pour essayer de cacher ma gêne. Je ne suis pas du tout à l'aise avec le dernier mot parce que j'imagine le pire. Et en même temps, j'aime trop braver les interdits, j'ai l'impression d'être une ado ultra mature pour son âge. Bah ouais, peut-être qu'il est temps pour moi de passer à la vitesse supérieure ? Dans mon ventre, la peur et l'excitation se chamaillent pour savoir qui aura le plus de place au final.

Je me retiens de poser des milliers de questions pour n'en garder qu'une, qui est peut-être la plus importante à ce moment-là.

— OK, du coup, faut venir habillée en bomba latina ! Tu m'aides à trouver LA tenue ?

Amandine, comme si elle attendait ça depuis des siècles, passe un bras autour de mes épaules et m'embarque entre la multitude de fringues, toutes plus cools les unes que les autres. C'est la première fois qu'on fait du shopping ensemble et je suis grave contente ! On aime toutes les deux nos styles, alors impossible de repartir avec des trucs moches !

D'habitude, j'hésite, je passe genre deux heures dans la cabine à me tourner, me retourner, me défoncer le cou pour essayer de voir à quoi ressemblent mes fesses dans la robe, mais avec elle, dès que je tire le rideau, je sais à quoi m'en tenir.

— Non... Trop moche... Pas mal... Ça te fait des fesses plates...
Pas le bon décolleté... La couleur va pas avec ton teint... Mouais...
C'est cool ça !

Bref, Amandine, en deux mots, est capable de me faire comprendre si c'est la bonne robe ou pas. Et aussitôt, elle me laisse à moitié nue dans la cabine et retourne me chercher des tenues. On fait trois boutiques comme ça, et finalement, elle pose sur le portant une robe moulante à paillettes bustier : elle est ma-gni-fi-que.

Je prie à l'intérieur pour que ce soit la bonne parce que, depuis le début, c'est celle que j'avais repérée à l'entrée du magasin ! Je m'imagine déjà en train de danser je ne sais pas trop où. Avec une tenue pareille, j'aurais l'air d'Ariel la petite sirène, mais ça me plaît. Maintenant, je veux qu'on me remarque et qu'on me trouve canon. J'ai plus peur des regards des autres, et au contraire, j'ai envie qu'on me voie débarquer dans la soirée !

— Bon, tu sors de là Cendrillon ? Il est déjà midi et demi ! lance Amandine depuis le pouf de l'autre côté de la cabine.

Je respire profondément et je tire le rideau d'un coup sec. Je m'attends à une réflexion, à une remarque ou alors à un signe de la main du genre « retourne dans la cabine », mais Amandine ne dit rien. Elle me regarde, me fait tourner sur moi-même et sa mâchoire se décroche presque.

— Putain meuf, t'es une vraie bombe ! Avec une robe pareille, tu vas niquer le game !

Je reste sans voix, pas même un merci. En fait, ça fait des mois que je n'ai pas entendu quelqu'un me dire que je suis belle et ça me fait grave plaisir. Je ne le montre pas ; encore une fois, je saute de joie intérieurement. J'arrête de retenir ma respiration et je souris à mon tour en faisant genre de défiler, comme si j'étais ultra sûre de moi. Amandine est morte de rire et on s'imagine rentrer dans la soirée, toutes les deux en mode badass, la musique qui s'arrête, la totale quoi.

— Bon, tu veux pas qu'on aille manger maintenant ? J'ai beaucoup trop la dalle !

Amandine me pousse dans la cabine. Retour à la case départ. Je retire la robe, encore euphorique à l'idée de la porter pour la soirée. Mais en la laissant tomber par terre, je remarque la petite étiquette blanche, et surtout, le prix. C'est comme me prendre un coup de poing dans la figure. Je me rhabille en vitesse avec le cœur qui bat à tout rompre. Mes économies pour un an vont y passer, et une grosse partie du billet de ma mère. Pendant que j'enfile mes fringues, je fixe la robe, et j'ai vraiment l'impression d'être Cendrillon, comme disait Amandine. La robe brille de mille feux, elle est faite pour moi, c'est évident ! Si je ne la porte pas à la soirée, autant ne pas y aller du tout. Je remets ma veste et je sens de nouveau le billet au fond de ma poche. Je le caresse du bout des doigts en me posant un milliard de questions. Oui, cette robe, elle les vaut. Au début du shopping, j'avais espoir de ne pas avoir besoin de ces vingt euros et de pouvoir les rendre à ma mère, mais quand je regarde cette robe, impossible de renoncer. Avec un peu de chance, elle ne s'en rendra même pas compte ?

— Putain, mais qu'est-ce que tu fous ? lâche Amandine, apparemment énervée en tirant d'un coup sec sur mon rideau.

— Bah je me rhabille !

Ce n'est pas comme si j'avais mis dix minutes à bader devant le prix. J'essaie de garder un air je-m'en-foutiste des prix et on finit par se diriger vers les caisses. Franchement, quand je tends le billet à la caissière, j'ai l'impression qu'elle peut voir une pancarte sur mon front qui dit : « Bonjour, j'ai volé ce billet à ma mère. » Mais elle me tend mon sac en nous souhaitant une belle journée.

— Bon, goooo ! lance Amandine en grognant presque. J'ai faim, il est déjà treize heures !

— On se fait un McDo ? je demande avec des étoiles plein les yeux.

— Bah, t'es pas sérieuse ? Comment tu vas rentrer dans ta robe après ? Moi, je fais hyper attention à ce que je mange. Les burgers et tout, c'est banni de mon alimentation depuis longtemps.

— Mais... je tente, la voix presque tremblante. McDo, c'est la vie !

— Ouais, si tu veux finir obèse à plus pouvoir marcher ! Non, mais je fais un régime, je te jure je n'ai quasiment jamais faim en vrai. Aujourd'hui, c'est une exception. Je prends des pilules pour m'aider à maigrir et c'est OUF comme ça fonctionne bien ! Si tu veux, je peux t'en passer un paquet, j'en ai d'avance. Tu verras, d'ici deux semaines, tu seras parfaite !

— Ça peut pas me faire perdre du poids en deux semaines...

— Bien sûr que si, c'est grave efficace en vrai !

Je ne me souviens plus, mais je ne suis même pas sûre qu'on soit allées manger ce midi-là. Ce qui est sûr, c'est qu'on n'a pas fait de McDo, et la joie d'avoir trouvé une amie et la robe de mes rêves n'enlevait pas la frustration qui me rongeait le bide. J'avais toujours mangé sans jamais me poser de questions. Mais quand je voyais Amandine et que je me regardais, je me sentais si grosse que finalement, je me suis dit qu'il fallait que j'arrête les McDo. Peut-être que, comme ça, je pourrais être presque aussi bien foutue que ma pote.

Alors, j'ai arrêté les burgers, les frites, et les tacos. Autant dire que j'ai renoncé à tout ce qui m'apportait un bonheur immédiat. Parce que oui, manger, ça rend heureux aussi.

Mais pire, j'ai commencé à « faire attention », de jolis mots pour dire que j'ai pris des pilules de merde censées me faire maigrir mais qui m'ont détruit la santé. Amandine, elle, me détruisait le moral, même si, à l'époque, je pensais que c'était la meilleure pote que l'on pouvait avoir. Je ne me rendais même pas compte qu'elle m'empoisonnait. J'ai commencé à perdre du poids, oui, mais trop, et mal. En deux semaines, j'ai fondu. Dès que je m'accordais un petit plaisir, je me disais que je venais de me trahir, que j'étais trop grosse, que j'étais une vache. Mon corps me dégoûtait. Et même après avoir perdu cinq kilos, je ne me plaisais toujours pas, et je n'avais pas perdu exactement là où je voulais perdre.

Il m'arrivait de passer des heures devant le miroir, et tout ce que je voyais de mon corps me donnait envie de vomir. Le paradoxe était que je mangeais des quantités affolantes de bouffe, que je cachais dès que ma mère ou ma sœur n'était pas là : des gaufres, de la glace, du fromage, absolument tout y passait.

Alors, j'ai commencé à me faire vomir. Je me disais que je pourrais m'arrêter quand je le voudrais, que c'était juste « comme ça », mais une fois, deux fois, puis après chaque repas. De façon systématique.

Et je ne me sentais pas mieux.

C'était même pire.

Mais je me trouvais mieux physiquement. À chaque fois que je vomissais, j'avais les mains posées sur mon ventre pour vomir jusqu'à ce qu'il soit « plat » à mon envie.

Deux semaines plus tard, quand la soirée est arrivée, j'avais perdu beaucoup de kilos. Ma robe était trop grande pour moi du coup. J'avais perdu des kilos, mais je n'avais pas plus d'estime de moi, et surtout, j'avais gardé mes gros complexes et gagné un total déséquilibre alimentaire.

La soirée du siècle ne valait rien de tout ça.

Amandine ne valait rien de tout ça.

Je valais mieux que ça.

Mais ça, j'en doutais. Maintenant, je le sais.

Interlude 2

 SUR INSTA

Jessssy :

Halloween les gars, c'est MAINTENANT !
Pour rappel, zéro costume accepté ! À TOUTE

Quentin-tarou a répondu :

J'arrive dans 20 minutes moi !

Sidouille a répondu :

Moi j'suis déjà là, j'ai aidé Jess tout l'aprèm
à tout préparer, bande de flemmards !

Lilou48 a répondu :

Ça va être la meilleure soirée de l'année.

Sidouille a répondu :

En même temps, pas compliqué,
c'est la première de ta vie mdrrr.

Manontroy a répondu :

@Sidouille Tg !

Manontroy a répondu :

@Jessssy Merci d'avoir tout préparé ! Vous avez
besoin que je ramène des chips, ou quoi ?

Sidouille a répondu :

Perso, j'me couche pas avant 6 h du mat.

Quentin-tarou a répondu :

Wsh, attendez-moi avant de boire tout l'alcool !

Sidouille a envoyé une vidéo.

Jessssy a répondu :

Mdrrr montre pas tout ce qu'on a préparé, tu vas les spoiles ! Oui, ramenez des diluants ou biscuits apéro.

Lilou48 a répondu :

OK, vas-y je prends du Coca.

Quentin-tarou a répondu :

SPOIL ALERT : y a bcp trop d'alcool, j'vais arriver plus vite que prévu.

Chapitre 9

(Présent)

Halloween, fin octobre

— Tadaaam ! Fini ! s'exclame Sofia dans un geste de victoire.

— Fais voir !

Camille attrape le miroir que lui tend Sofia avec impatience. Devant les doigts de magicienne de notre amie, elle n'arrive même plus à parler et elle se contente de petits cris aigus.

— T'es trop forte, meuf ! Tu veux pas venir me maquiller tous les matins ? implore Camille en joignant ses deux mains en voyant le make-up de folie que lui a fait Sofia.

— J'ai déjà assez à faire avec ma face tous les matins en vrai !

Elles sont toutes les deux magnifiques, avec des styles qui leur vont si bien. Pour le coup on est de vraies Totally Spies, comme j'aime nous surnommer !

— Sofia, faut vraiment que t'en fasse ton métier ! Imagine make-up artiste des stars et tout ! Imagine, tu maquilles Jennifer Lopez ! s'extasie Camille.

— T'es encore partie toute seule dans ton délire là ! pouffe Sofia en rangeant ses affaires dans un coin et en prenant sa veste et sa pochette pour la soirée. *But first, let me take a selfie!* Pendant que ces chefs-d'œuvre sont encore intacts.

Comme d'habitude, on commence en jouant les *post bad*, et puis on termine en tirant la langue, en mettant en valeur nos magnifiques doubles mentons.

— Vous êtes bientôt prêtes, les filles ? lance ma mère de l'autre côté de la porte en toquant deux trois coups doucement.

Je lui ouvre, et on prend toutes la pose en rigolant pour lui montrer le résultat. Elle nous complimente sur nos make-up et nos tenues.

— Vous êtes magnifiques ! Tu fais attention à la dentelle du top, Romane ! Maintenant, faudrait peut-être y aller pour arriver à l'heure !

— J'avoue que ta mère a raison, on va plus rien avoir à manger avec ces dalleux ! s'exprime Sofia.

— J'te pique du parfum Romanus, dit Camille tout en piquant ma bouteille et en s'en mettant deux tonnes. Avec ça, impossible de la rater dans la soirée !

Mes deux potes n'arrêtent pas de faire rire ma mère pendant tout le trajet. Entre Camille qui reprend Sofia dès qu'elle fait une erreur, et Sofia qui réagit x 1000 à tout ce qui se passe, on n'a pas le temps de s'ennuyer avec ces deux gonz ! Ça passe si vite, qu'on se retrouve déjà à la soirée, avant que Sofia ait eu le temps de répondre à Camille en arabe pour lui prouver qu'elle ne connaît pas tout.

Ma mère nous regarde descendre, encore assise derrière le volant. Alors qu'on s'apprête à refermer la portière, elle nous interpelle une dernière fois.

— Les filles : vous faites attention à vous, hein ! Je passe pour la mère chiante, mais sérieusement, au moindre souci, vous m'appelez et je reviens vous chercher.

— Ouiiiiii, t'inquiète je te tiens au courant ! je lui glisse à travers la porte pour la rassurer.

— Merci encore, madame !

On sourit et on se dirige vers la maison de Jess. Ma mère ne repart que quand elle nous voit pousser le petit portail de la villa. Oui, parce que Jessica a une villa de ouf. On se regarde avec les filles. De là où on est, on entend même des gens qui rigolent dans une piscine. Tout à coup, je me sens vachement moins bien d'être là. Déjà, le fait de me dire que je vais « chez Jess » sonne faux... Peut-être que je fais une grosse erreur. Camille et Sofia doivent le sentir, parce qu'elles me prennent chacune par un bras et m'encouragent à avancer sans trop réfléchir.

— Souviens-toi, elle ne t'a pas spécifiquement dit que t'avais pas le droit d'être là, donc concrètement, tu peux venir... murmure Camille, pas franchement convaincue elle-même.

Sofia lui jette un regard noir et prend la suite.

— Non mais surtout, Jess ne va pas arrêter de courir et elle ne verra même pas que t'es là ! Alors te prends pas la tête, on va grave s'amuser !

Elle pousse la porte d'entrée et on rentre dans un salon/salle à manger qui doit faire la taille de tout notre appartement. J'essaie de ne pas trop avoir l'air d'une idiote et je suis le mouvement des filles. Sans hésiter, elles se dirigent vers la terrasse, et surtout vers le coin bar. Je n'ose pas aller si loin, et je me colle contre les baies vitrées, comme si ça pouvait m'aider à passer inaperçue. Du coup, je fais ce que je fais de mieux : j'observe tout le monde. Je cherche Jess du regard. Mais je ne la vois pas, je l'entends d'abord. Elle est au fond, près de la piscine en train de rigoler avec... Sam. Évidemment !

Il porte juste un tee-shirt à manches longues et il passe sa main dans ses cheveux, comme s'il était gêné d'être là. Jess est au milieu de son petit groupe de potes, elle rigole tellement fort qu'on entend qu'elle, avec son rire aigu.

— La piscine est chauffée les gars, vous pouvez vous baigner !

Je me décolle donc de la fenêtre et je rejoins les filles qui se sont mêlées à la foule. Sofia ne boit jamais, du coup, elle a l'air d'avoir opté pour une limonade qu'elle sirote en discutant. Camille a déjà attaqué son p'tit verre de Get 27 en rigolant avec d'autres filles de notre classe.

— T'as vu mon make-up ? s'exclame-t-elle en fermant les paupières pour qu'on admire le travail.

— C'est Sofia qui a fait ça ? demande une de nos camarades.

— Non, non, c'est moi !

— Mais meuf, t'es ultra douée !

Je me sens de moins en moins à ma place. J'ai l'impression de faire partie d'une pièce de théâtre et que mon rôle a été ajouté au dernier moment. Du coup, je décide de me lancer à l'attaque du buffet. Je prends une chips que je trempe dans le guacamole maison avant de regarder les boissons. Je me détourne tout de suite des vodkas, rhums, Jägermeister, tequilas et bières. Non, il n'y a qu'une boisson qui fait battre mon petit cœur. Je cherche le bouchon orange comme si c'était le Saint Graal ! J'en oublie même Jess. Je finis par comprendre qu'il n'y en a pas, et je prends ça comme un signe : ça ne vaut pas la peine de rester. Du Coca, ça, il y en a ! Et soudain, je la vois, LA BEAUTÉ ! Je tends le bras pour m'en emparer le plus vite possible quand une main surgit avant moi. J'ai l'impression de vivre la vie au ralenti. Je continue mon mouvement tout en me tournant sur la gauche, et là, je m'arrête direct en apercevant Sam.

92

— Désolée, vas-y, t'étais le premier à en vouloir ! je murmure.

— Non, t'inquiète, à toi l'honneur !

Je ne lui avais jamais trop parlé avant, je ne savais même pas que sa voix était aussi douce et aussi chaude. J'aurais presque envie de lui poser une question pour qu'il continue de parler tout de suite. Comme il voit que je ne bouge pas, il prend deux verres en plastique rouge et nous sert tous les deux. Il me tend mon gobelet, et là, c'est le best moment. Je n'entends plus les gens qui jouent dans la piscine, les autres qui dansent, ceux qui rigolent. Je ne pense même plus à Jess. Je ne vois que Sam et mon Ice Tea !

— Merci, je lui réponds avec un air tout gêné que j'essaie de dissimuler.

J'ai la gorge tellement sèche que j'ai envie de boire mon verre d'une traite. Je le regrette au moment où je le dis, mais, à ce moment, la seule chose que j'arrive à prononcer, c'est :

— Je savais pas que t'aimais l'Ice Tea !

Mais non ! Pourquoi j'ai sorti ça ?

Mais heureusement, il ne me regarde pas comme si ma question n'avait aucun sens ; au contraire, il rigole en terminant son verre. Il m'en repropose un direct, comme si c'était la chose la plus logique du monde. Je termine le mien et le lui tends, avec mon air tout bébête. Si ma mère ou même mes potes me voyaient, elles se moqueraient grave de la nunuche que je suis actuellement !

— Si, team Ice Tea, je déteste le Coca !

— On est de la même team alors !

Je vois que ses yeux pétillent, et je pense que les miens aussi. C'est comme si tout se déroulait comme dans mon rêve, quand j'imaginais la soirée en mode comédie romantique. Là, c'est la réalité, mais je n'aurais jamais fait mieux ! Avec ce sourire à fossettes magnifique, ce tee-shirt qui moule parfaitement ses épaules et ses bras, et puis, avec son amour pour l'Ice Tea, il est encore plus parfait que je l'imaginais.

À ce moment-là, j'oublie totalement les mises en garde de Camille et la réputation de Sam avec les filles. Ses yeux sont captivants, et peut-être que je me voile la face, mais j'ai bien l'impression de lui plaire. Il sourit, passe la main dans ses cheveux et rigole alors que mes blagues ne sont pas si drôles !

Il ne manque que la musique de comédie romantique.

Mais on n'a pas le droit à ça.

On a le droit à mieux...

Le cri hystérique de Jess quand elle nous voit.

— Putain, mais qu'est-ce qu'elle fout là, elle !!! elle crie depuis l'autre bout de la terrasse qu'elle parcourt à grandes enjambées, furieuse de voir mon portrait.

— Jess, pas la peine de gueuler, dit Sam en se posant légèrement devant moi comme pour me protéger.

C'est la première fois. La première fois que quelqu'un répond pour moi, me protège. Je sens presque les larmes me monter aux yeux. Sam devient un bouclier et toute la haine de Jess rebondit dessus. Il tend les mains devant lui comme s'il tentait de calmer un chihuahua enragé. Parce que c'est exactement à ça qu'elle ressemble actuellement.

Tout le monde a arrêté de parler, la musique s'est tue parce que personne ne veut rien louper du spectacle. Sauf que cette fois, il y a Sam. Je vois au sourire de Sofia et aux froncements de sourcils de

Camille que je ne suis pas la seule à halluciner de le voir s'interposer. Sofia a l'air contente pour moi, Camille inquiète. Mais Camille est toujours inquiète pour tout ! Elle ne peut pas comprendre à quel point c'est important pour moi. À quel point ça me fait du bien d'avoir quelqu'un pour prendre ma défense, devant tout le monde en plus. Tout ce que je n'ose jamais dire, je sens que Sam est prêt à le dire pour moi.

— Y a quoi que vous comprenez pas quand je dis « pas de crasseuse à ma soirée » ? Ça se saurait si c'était une meuf fréquentable !

Certains rigolent, mais Sam ne se laisse pas démonter. Il continue de faire barrière entre Jess et moi. Je profite du répit qu'il m'offre.

— Jess, arrête de t'exciter pour rien, t'avais même pas remarqué qu'elle était là ! Tout le monde profite, donc tranquille ! lance Sam un peu fort, en espérant que les gens retournent profiter de la soirée ; mais rien.

— Franchement, Sam, tu me déçois. Y a que le train qui n'est pas passé sur cette meuf, t'es vraiment plus con que ce que je croyais.

— Mais je faisais rien, Jess. Je lui servais un verre, c'est tout. C'est pas comme si on allait sortir ensemble, calme-toi. Tu devrais arrêter de te prendre la tête avec elle et profiter de la soirée.

Je sens mon cœur qui se fend en deux. Je crois que Jess voit la douleur que les dernières paroles de Sam ont laissée sur mon visage, parce qu'elle sourit d'un coup. On dirait Cruella d'Enfer qui vient d'écraser un dalmatien. Et j'ai comme l'impression qu'on m'a écrasée. Évidemment que je ne suis rien pour lui, j'suis trop bête !

Sam prend Jess par le bras et l'entraîne danser. Quelques minutes plus tôt, j'aurais cru que c'était pour l'éloigner de moi. Maintenant, je pense juste que c'est lui qui veut s'éloigner de moi.

Sofia et Camille me foncent dessus, me prennent moi aussi par le bras. Camille me fourre au passage un verre rempli d'Ice Tea dans les mains et on va dans le salon, le plus loin possible de Jess.

— Franchement, quelle conne ! Elle s'est ridiculisée devant tous ses potes ! J'pense qu'elle a compris, balance Sofia d'un air presque sûr d'elle.

Je ne suis pas du tout convaincue, même si elle a l'air d'y croire. Camille, elle, sirote sa bière, les sourcils toujours froncés.

— Non mais quand même, Sam aussi c'est un gros con pour le coup ! elle lance, visiblement agacée.

— Moi, je pense qu'il a dit ça parce que c'était la seule façon de calmer Jess, mais qu'il ne le pensait pas ! T'as pas vu les p'tits yeux pétillants qu'il avait avant que l'autre folle dingue arrive ! J'avais envie de sauter sur vous deux tellement vous étiez mims ! s'enthousiasme Sofia en manquant de renverser la moitié de son verre par terre à force de gesticuler.

Camille n'a pas l'air d'y croire. Moi non plus. Mais je souris quand même, pour ne pas leur ruiner la soirée. Je ne veux pas tout gâcher avec mes histoires à la con.

Pour ma part, j'en ai marre de me prendre des réflexions dans la gueule à chaque fois. Bon OK, peut-être que j'aurais jamais dû venir, mais je n'ai rien fait de mal. Quant à Sam... J'ai été bien naïve de croire qu'il y avait un truc. C'est un pote de Jess, et il a dû entendre un paquet de rumeurs sur moi ! Depuis le début, je n'avais aucune chance.

— Vous inquiétez pas, allez profiter de la fête. Moi je reste là deux minutes, le temps que ça se calme, je dis en terminant mon verre.

Sofia me touche l'épaule avant de rejoindre un groupe de copines un peu plus loin. Camille sourit et me dit qu'elle part se resservir en désignant sa bière vide.

Je reste assise sur le bras du canapé, à écouter tout le monde rire, boire et danser dehors. Si quelqu'un débarque maintenant à la soirée, il ne se rendra même pas compte que l'ambiance était au plus bas il n'y a même pas cinq minutes. Ils reprennent tous le cours de la soirée, normalement. Je suis dans le salon, et je les observe vivre et profiter. Je ne me sens pas capable de rester ici en ayant le sentiment que Jess va me bloquer contre un mur à un moment et m'arracher les yeux avec ses deux grandes dents de devant. Je checke une dernière fois Camille et Sofia qui ont l'air de bien s'amuser, mais je refuse de rester et de prendre le risque de me faire humilier une nouvelle fois.

Je refuse de passer à nouveau pour la victime qu'on peut descendre plus bas que terre pour se valoriser.

Je refuse de subir encore.

Alors, je prends le gilet que j'avais posé sur la montagne de fringues des autres invités, mon écharpe, et je me barre. Je m'habille une fois la porte d'entrée fermée, histoire qu'on ne me voie pas. Les filles vont peut-être s'inquiéter, mais je leur enverrai un message quand je serai chez moi pour qu'elles ne m'attendent pas. Le point positif, c'est que je ne rentrerai pas trop tard, et que le top en dentelle de ma mère rentre à la maison intact !

Chapitre 10

(Présent)

Halloween, fin octobre

La nuit est bien tombée depuis le moment où on est arrivées chez Jess. J'avoue que, toute seule, là, je ne fais plus trop la maligne et je reste aux aguets. Ma mère m'a toujours dit de faire attention la nuit, que je pouvais croiser des gens qui craignent. Je n'ai pas envie de lui donner raison, alors je presse le pas et je garde la tête un peu baissée. Et surtout, règle numéro 1 quand on sort seule de nuit : ne pas mettre ses écouteurs. Je les laisse donc au fond de ma poche sans les sortir, pour être sûre de capter tous les bruits des alentours. Pour éviter de croiser le regard des gens, je mets la capuche de mon gilet. Que ce soit celui du mec qui monte dans sa voiture, ou de la mamie qui promène son bulldog. Si ça se trouve, même le chien est dans le coup !

J'avance rapidement, les mains dans les poches, les yeux braqués sur mes chaussures. J'essaie de marcher comme une p'tite racaille pour freiner les personnes malveillantes qui auraient l'idée de m'approcher. Je manque de faire une crise cardiaque à cause d'un volet claqué par le vent. *T'es parano ma pauvre fille...* Je respire un bon coup, et j'avance en pensant à la maison qui se rapproche pour me rassurer.

Mais j'ai quand même la sensation que je suis suivie... Je n'ose pas me retourner et je me crispe, je redresse juste assez la tête pour pouvoir entendre les bruits de pas derrière moi. Deux. Ils sont deux ! L'air de rien, j'accélère le pas. J'aurais pu me mettre à courir dans un tournant, mais le chemin que j'emprunte n'en a pas. Heureusement, je croise quelques personnes... Elles ne pourront pas me kidnapper s'il y a un témoin, pas vrai ? Mais si la prochaine personne que je croise est justement un complice à eux qui doit donner ma position ? Bon, OK, peut-être que ma seule option c'est vraiment de courir, en fait. J'accélère encore un peu, on dirait que je marche comme dans ce sport ridicule où ils tordent les fesses pour avancer vite. Sauf que là, je ne fais pas ça pour gagner un prix olympique, mais pour peut-être sauver ma vie ! Je me répète sans arrêt « Pourquoi le karma s'en prend à moi et pas à Jess ? » Je crois grave au karma, alors je fais le tour de mes souvenirs, pour voir ce que j'ai bien pu faire pour qu'il m'arrive tout ça. Ouais, peut-être que je suis trop méchante avec Louise parfois... Ou l'inverse, j'en sais rien. Mais est-ce que ça mérite de me faire kidnapper ? Quand même pas !

— AAAAH !

Je hurle, littéralement. Je ne pensais pas avoir la voix aussi aiguë qu'une alarme à incendie. Bah si. On dirait les victimes quand elles se font grailler dans les films d'horreur... Mais j'aimerais mieux être confrontée à un zombie de *The Walking Dead* qu'à mes deux kidnappeurs. J'ose à peine me retourner pour leur faire face. Finalement, je ferme les yeux quand je sens les deux silhouettes qui me contournent.

— Mais ça va pas de hurler comme ça ? me demande une voix féminine.

— Putain, mais quelle chieuse ! Je t'imaginais pas comme ça, Rom-anus ! Je suis explosée !

Et en effet, Sofia se tient littéralement le bide tellement elle rigole. Camille ne tarde pas à la rejoindre dans son fou rire. Elles sont là à se marrer, et j'ai le rouge qui me brûle les joues. Mais j'suis trop bête... Croire que j'allais me faire kidnapper ! Quand je repense aux films que je viens de me faire, je ne peux pas m'empêcher de les rejoindre et d'exploser de rire à mon tour.

J'ai les côtes qui me font mal tellement j'ai ri. Le mascara de Sofia a carrément coulé, et Camille ne peut même plus s'empêcher de faire le petit cochon en rigolant.

— Vous allez bien, jeunes filles ? lance une voix tremblotante depuis l'autre côté de la haie.

Je me redresse et je vois une petite mamie qui nous regarde, les yeux écarquillés de peur. Heureusement que ce n'était pas un vrai kidnapping, parce qu'elle aurait mis trois heures avant de s'en rendre compte et j'aurais déjà été expédiée à Pétaouchnok avant qu'elle ait eu le temps d'appeler les flics. Elle se contente d'un signe de tête et repart chez elle aussi lentement qu'elle est venue.

— Mais qu'est-ce que vous foutez là, les meufs ? je parviens à articuler une fois notre fou rire passé.

— Bah elle était pourrie cette soirée ! « La meilleure de l'année », grosse blague ! soupire Sofia alors qu'on reprend notre route.

— Ouais, franchement, on se faisait chier, puis sans toi, quel intérêt ?

— Vous êtes les best, je murmure en passant mes bras autour de leur cou.

On reste silencieuses un moment. Après la musique, les cris, les rires, les éclaboussures de la piscine, ça nous fait du bien de juste profiter du calme de la nuit. Il fait encore bon pour un mois d'octobre. Sofia active Google Maps et nous guide jusqu'au centre-ville. Camille, bien sûr, se charge de la musique et nous balance sa meilleure playlist. Comme d'hab, on n'entend presque rien parce qu'elle chante par-dessus. Par contre, je ne sais pas comment elle fait pour retenir toutes ces paroles ! D'autant plus que ce n'est pas sa langue natale. Elle fait quelques fautes parfois, c'est mignon et rigolo en même temps... Quand je vois que j'ai déjà du mal à retenir mon cours de français, alors apprendre tout ça par cœur – flemme – !

— Bon, par contre, c'est pas ces trois chips qui m'ont calée, j'ai grave faim ! lance Camille.

J'me mets à rire, parce que les filles, elles ont toujours faim ! Si ce n'est pas Sofia, c'est Camille, et inversement. J'avoue que je n'ai pas eu le temps de manger moi non plus, et je crève la dalle.

— On va où ? je demande en réfléchissant à toutes les possibilités.

J'aurais envie de dire McDo : valeur sûre et ouvert toute la nuit.

— J'ai une idée ! lance Sofia, victorieuse.

Intriguées, Camille et moi, on décide de ne pas la questionner sur son idée et de la laisser nous faire la surprise. On déambule encore pendant au moins quinze minutes dans les rues réchauffées de Montpellier avant de s'arrêter devant la façade un peu miteuse d'une toute petite boutique. Assez large pour trois hommes, c'est plus un service à emporter qu'un resto, puisqu'on ne peut pas s'y asseoir.

— Tacooooooooos, s'exclame Sofia en écartant les bras, toute fière.

— J'Y AVAIS MÊME PAS PENSÉ !

Je saute presque sur place et je l'embrasse sur la joue avant de me précipiter vers le vendeur pour commander direct. Rien de tel qu'un bon taco pour nous réconforter.

« Tacos steak, barbec et un Ice Tea s'il vous plaît. »

Dix minutes plus tard, on se retrouve posées sur un banc, chacune son taco à la main. Sofia a même retiré ses talons pour enfiler les baskets qu'elle avait cachées dans son sac. C'est drôle, parce qu'on est là, bien sapées, assises en train de manger nos tacos. Et finalement, passer un moment que toutes les trois entre gurlz, c'est ÇA une soirée réussie ! On aurait dû faire ça depuis le début plutôt que d'aller chez la peste, Jess.

— Je suis désolée et grave dég que tu nous aies maquillées juste pour bouffer un taco dans le parc So', dit Camille, la bouche pleine.

— Tu rigoles ? C'était trop bien ! Si je pouvais, je vous maquillerais même pour aller faire vos courses en vrai ! elle répond, avec un grand sourire. J'ai pas les paupières aussi grandes que toi pour faire un smocky, c'est chiant.

Mais Camille ne répond pas, elle s'est tournée vers moi en continuant à mâcher comme une affamée, les yeux plissés. Elle me fait flipper quand elle passe en mode inspectrice de la CIA, comme ça.

— Quoi ? je lui demande. J'ai un bout de salade entre les dents ?

Je lui fais un grand sourire pour qu'elle puisse tout de suite vérifier, mais elle ne réagit même pas. Je me tourne vers Sofia ; peut-être qu'elle comprend mieux ce qui se passe, mais elle me regarde, dépassée, en haussant les épaules.

— Mais pourquoi tu me fixes ? je demande.

— Il s'est passé quoi avec Sam du coup ? Je le sens vraiment pas ce mec... J'ai bien vu qu'il te faisait son cinéma là, mais faut que tu résistes, meuf !

— Quoi ? Non, pas du tout ! Je te jure, il se passait rien du tout. Il m'a juste servi un verre, et puis l'autre folle a débarqué.

— Non, mais c'est pas ça que je te dis, j'ai bien vu ce qui s'est passé, elle m'interrompt. Ce que je veux pas, c'est que tu t'attaches, et qu'après il...

Je dois mettre trois secondes de trop à répondre juste « Mais je m'attache pas » pour que Sofia lâche son taco, regarde Camille, interloquée, avant qu'elles ne se retournent toutes les deux vers moi.

— Oh non, soupire Sofia. Trop tard !

— Quoi ? je m'exclame. Trop tard de quoi ? Mais puisque je vous dis que c'est pas mon crush ! Sérieux !

Cette fois, elles sont deux à me fixer en plissant des yeux. Comme la nuit est tombée et que le square est à peine éclairé par deux lampadaires qui se battent en duel, autant dire qu'elles ne me rassurent pas du tout ! Et puis, je dois me justifier de quoi, au juste ? Je ne suis pas tombée sous le charme de Sam... Enfin, pas vraiment, enfin... je n'en sais rien. Oui, bon d'accord, peut-être que je me suis fait quelques films, mais...

— Romane, je dis pas ça pour te rendre triste, juste... Ça ne sera jamais l'amour de ta vie, pas à seize ans ! Et l'amour à sens unique, je ne te le souhaite pas.

Camille me fait un petit sourire, et pour la première fois, j'ai l'impression qu'elle est presque triste. Elle qui n'arrête jamais d'improviser un bout de chanson, elle qui a-dore plaire, je ne pensais pas qu'elle me freinerait. Ce n'est pas le moment, alors je n'ose pas lui demander ce qui s'est passé. Clairement, sa dernière remarque a l'air chargée d'histoire, mais je ne dis rien. Le silence pourrait être pesant, mais c'est sans compter sur la bonne humeur de Sofia qui illumine le square à elle toute seule.

— Bon, on fait quoi maintenant ? On bouge d'ici ? elle propose ça avec un grand sourire qui fait s'évaporer toute l'ambiance lourde des dernières minutes.

— Ben, je sais pas, je pensais rentrer, dit Camille.

— Rentrer ? T'es pas sérieuse ? Il est encore hyper tôt, on pourrait faire un tour et profiter avant que le temps devienne vraiment pourri.

Je regarde l'heure, et c'est vrai qu'on a encore pas mal de temps devant nous. Je hausse les épaules et je laisse Camille décider de ce qu'elle veut faire. Je sais qu'elle est hyper sensible ; peut-être que reparler de cet enfoiré qui lui a brisé le cœur lui donne juste envie de rentrer pour être toute seule...

— Allez, on bouge, mais je rentre dans maximum trente minutes les meufs !

— Oh la rabat-joie ! soupire Sofia en jetant nos emballages de tacos dans la poubelle.

On repart avec nos boissons à la main. Sofia chantonne, mais Camille, saoulée d'entendre des fausses notes, lui lance un regard agacé. Faut dire qu'elles ont ça en commun, la musique, mais Sofia n'est pas aussi douée que Camille. D'ailleurs, elle ne connaît jamais les paroles des chansons. La vie des chanteurs, ça, par contre, elle connaît par cœur ! Et bien sûr, elle est toujours au courant de la dernière info sur Rihanna, qui est clairement la queen pour elle.

Sofia a ralenti, et elle nous suit tranquillement pendant qu'on remonte l'esplanade. Après un silence, Camille demande en sirotant son Coca :

— Vous pensez qu'on sera où dans dix ans ?

— Tu veux dire quand on sera de vraies adultes ? rigole Sofia.

— Ouais, voilà.

Silence. Elles doivent être comme moi à réfléchir. Dans dix ans ? Dix ans. J'aurais vingt-six ans. Ça me paraît si loin ! On est vieux à vingt-six ans, non ? Je deviendrai quoi ?

Mariée ? Grave.

Maman ? Si j'ai trouvé l'homme de ma vie, grave.

Enfin, peut-être que je m'avance trop. Est-ce que je serai encore à Montpellier ? J'ai le sentiment que je ne pourrai jamais me lasser de cette ville et que je ne pourrai pas vivre ailleurs. Alors, peut-être que j'aurais beaucoup voyagé, vu plein de pays ? Un big goal ça ! Mais pour voyager, faut un métier... Je n'ai aucune idée de ce que je pourrais faire. Photographe, j'en rêve, mais tous les profs me répètent sans cesse la même chose : « impossible », « faut des contacts », « peu d'élus », « faut beaucoup de talent », « faut beaucoup de chance », alors bon, flemme d'attendre que la chance me tombe dessus.

— Je voudrais juste retourner en Argentine, voir le pays d'enfance de mes parents et comprendre mes origines... lance Camille qui interrompt mes réflexions.

— On pourrait grave y aller ensemble ! s'exclame Sofia en tapant dans ses mains.

— Hum, So', j'interviens avec une petite voix. Je pense que c'est un truc qu'elle doit faire toute seule, non ?

Camille me regarde en me remerciant silencieusement d'avoir freiné l'enthousiasme de Sofia. Un peu plus et elle était capable de sortir son téléphone pour checker les billets d'avion. Elle se contente de regarder devant elle, presque gênée de s'être imposée dans le rêve de Camille. Je décide de briser direct l'ambiance bizarre.

— Et toi So, tu te vois où ?

— Bah tu vois, j'sais pas trop, grogne Sofia. Inchallah j'deviens la *make-up artist* de Rihanna !

— Mdrrr, t'es enthousiaste toi ! pouffe Camille. Déjà faut que tu sois bilingue.

— Je sais déjà hyper bien parler anglais. C'est un peu la seule matière qui me plaît en cours ! Tu devrais le savoir !

Elle nous fait un grand sourire et on explose de rire. Après un moment de silence, les filles se retournent vers moi et m'interrogent du regard.

— Et toi ?

— Je sais pas trop, je réponds.

Et vraiment, je ne sais pas. Je rêve d'être photographe, mais ça, peu de chance d'y arriver, soyons honnêtes. Je ne sais pas si je suis capable de faire des études après le bac. Ça se trouve, je n'aurais même jamais le bac ? Mais non, non...

— Je sais pas. Je veux être heureuse déjà, je lance en souriant.

Au fond, ma seule envie, c'est de ne plus me faire emmerder pour rien et de me sentir bien dans mon corps. Peu importe le métier que je déciderai de faire, du moment qu'il me passionne et que je me plais. Je m'en fous d'être riche plus tard, ou d'avoir un mec, je veux juste être entourée par les bonnes personnes et faire les choses qui comptent pour moi et ceux que j'aime. Faut juste que je trouve un métier qui me fasse kiffer...

En tout cas, avec Sofia et Camille, je suis heureuse, et on passe une archi bonne soirée à papoter de tout et n'importe quoi.

Quand j'arrive chez moi, j'ai un sourire idiot sur le visage.

Chapitre 11

(Passé)

Année de quatrième, fin octobre

La fameuse nuit est là. « La soirée de ma vie », comme Amandine me l'avait teasée pendant des semaines. Tout était prévu : j'avais préparé le terrain en parlant à ma mère de cette « soirée chez Rosa ». En réalité, bien sûr, j'avais tout prévu pour passer une soirée de folie avec ma pote Amandine. Dans mon sac, pas de pyjama rose bonbon, mais une robe pailletée magnifique.

Puis, comme prévu, les mecs étaient venus nous chercher chez elle. Comme ils étaient plus vieux, ils avaient une voiture. On était tassés à cinq à l'arrière, mais ce trajet était si drôle ! Tout le long, je n'arrêtais pas de demander où on allait ; Julien était sur le point de me le dire, Amandine l'en empêchait au dernier moment, et les autres étaient morts de rire. Du trajet aller, je n'ai gardé que de bons souvenirs. Ma robe bustier tombait un peu sur ma poitrine à cause des kilos que j'avais perdus ; pourtant, je me sentais bien, puissante, forte, féminine. Mais réellement, ça veut dire quoi « féminine » ?

Au moment où j'ai vu le lieu où on passait la soirée, au moment où mon pied foulait le parking, j'aurais dû faire demi-tour. J'aurais dû arrêter de me prendre pour plus grande que je n'étais, et j'aurais dû accepter de faire des trucs de mon âge, simplement, au lieu de vouloir vieillir trop vite. Mon innocence est restée de l'autre côté de la porte, et moi, je suis rentrée avec le sourire, sans me rendre compte que je la laissais derrière...

— Mais meuf, jamais ils vont me laisser entrer !

Je retiens mon amie à l'écart du reste du groupe pour ne pas avoir l'air d'une gamine devant tout le monde. Elle doit bien voir la panique sur mon visage, mais elle continue de sourire, son éternel sourire si rassurant.

— Mais non, t'inquiète ! Tu passes crème, je te jure ! On te donne dix-neuf, vingt ans tranquille. Avec cette robe, t'es une vraie bombe, elle me dit en me lançant un clin d'œil. Et au pire, tu chauffes le videur... J'le fais tout le temps, ce sont de gros vicieux.

Je m'apprête à répondre quand Julien surgit de derrière la voiture. Il était en train de pisser, après toutes les bières et vodkas qu'ils se sont envoyées avant qu'on débarque ici. Je me demande déjà comment il a tenu jusque-là !

— Franchement, ils s'en foutent les videurs ici. Ils laissent passer tout le monde, et surtout les jolies filles !

Il me sourit et jette son mégot de cigarette par terre. Amandine me saisit par le bras et m'entraîne rejoindre les autres. Devant moi, en lettres rouges, s'inscrit un nom que j'ai souvent entendu, pas mal redouté, et dans lequel je ne pensais pas rentrer avant des années : la Maison Rouge.

Les néons me défoncent les yeux en se réverbérant dans les flaques d'eau qui jonchent le sol et qu'on évite comme on peut avec nos talons qu'on n'arrive même pas à gérer. Je marque un temps d'arrêt, mais Amandine me pousse en avant. On fait la queue pour rentrer et je n'arrête pas de me dire que je vais juste me faire humilier... Bien sûr que les videurs vont voir que je ne suis même pas majeure. Et si je partais là, maintenant ? Ça arrangerait tout ! Pas d'humiliation ni de risque que ma mère le découvre.

Amandine doit sentir que je panique, puisqu'elle se place face à moi, pose ses mains sur mes épaules et me fixe comme un cow-boy dans un western :

— Si tu as l'air terrifiée, ils vont te griller à trois cents kilomètres, alors reste calme et fais genre que t'es hyper détendue ! Tu verras, ça va passer crème ! Répète-toi : « dix-huit ans » ! Puis avec ce rouge à lèvres rouge... t'es canon, meuf !

C'était la première fois que quelqu'un me maquillait. La première fois aussi que je voyais quelqu'un avec autant de make-up à notre âge ! Quand je suis arrivée dans sa chambre, c'était le bordel partout sauf sur son bureau/commode de maquillage. Elle avait des dizaines de pinceaux, de poudres, de fards à paupières. Elle m'a assise dans son fauteuil et je n'ai plus bougé. J'ai ouvert les yeux quand elle me le demandait, je les fermais quand elle le voulait, je faisais le cul-de-poule avec ma bouche et, trente minutes plus tard, je ne me reconnaissais même plus dans le miroir !

— T'en penses quoi ?

— C'est... fou. On dirait même pas moi.

— Oui, bah c'est le but !

Entre le fond de teint, les lèvres rouges, les yeux débordant de fards et d'eye-liner, effectivement, j'avais l'air plus vieille. Mais je ne me reconnaissais pas. J'ai continué à me regarder dans le miroir pendant quelques minutes, le temps qu'Amandine se prépare. Mais, pour elle, c'était juste sa routine habituelle, avec quelques paillettes en plus peut-être, mais c'est tout. Quand elle a eu fini, elle s'est regardée et s'est embrassée sur le miroir.

Je m'en souviens très bien, parce que je crois que c'est la première fois que je voyais quelqu'un qui aimait son reflet jusqu'à s'embrasser soi-même, un film genre ! Moi, je détestais celle que je voyais à ma place dans le miroir. Sur le coup, je pensais vraiment qu'en devenant ce genre de personne, comme elle, en perdant mes kilos que je jugeais en trop, en me maquillant, en traînant avec des mecs plus âgés, en faisant des soirées où on boit, on fume, j'allais un jour aimer mon reflet dans le miroir...

— T'as quel âge ? demande une voix grave, sans émotion.

Amandine me tape avec son coude. On a répété cette scène. Il paraît que, dans cette boîte, ils contrôlent l'identité une fois sur deux, alors, au cas où, j'ai dû répéter ma petite phrase.

— J'ai dix-huit ans.

J'essaie d'avoir l'air aussi sûre de moi qu'Amandine, je souris franchement, ma voix ne tremble pas... Et deux minutes plus tard, après avoir tout déposé aux vestiaires, nous voici à l'intérieur.

C'est la première fois que je rentre dans une boîte de nuit, et je suis tellement soulagée d'avoir pu passer les videurs que je souris bêtement et que je kiffe tout ce que je vois. Je me sens si puissante tout à coup ! C'est sûr que c'est plus canon qu'une soirée chez Rosa ! Julien me dépasse avec un sourire, l'air de dire : « Ben tu vois que ça a marché ! » Et tout le groupe suit pour aller directement au bar. Tout le monde est un peu collé sur la piste, et il y a une odeur de sueur qui embaume les lieux, mais ils ont tous l'air dans un autre monde, personne ne se juge, c'est ultra kiffant ! Les gens dansent, rient, s'embrassent. Moi qui appréhendais de danser... Avec de l'alcool, ça va le faire. Amandine se penche vers moi, et elle est carrément obligée de hurler dans mon oreille pour que je puisse la comprendre tellement la musique est forte.

— C'est trop cool, non ?

Je lui fais un grand sourire pour éviter de perdre ma voix au bout de cinq minutes. Toutes les chansons sont tellement cool que je suis dégoûtée quand je me rends compte qu'on passe les premières minutes accolées au bar. On a déjà bien bu sur le trajet, et au *before* avant de venir. Mais à force d'enchaîner les « soirées pyjama » que je fais croire à ma mère, je dois dire que je me suis habituée. Plus vite que ce que je croyais d'ailleurs. Au début, j'avais toujours envie de vomir, mais moins maintenant : je connais ma limite ! Amandine m'avait dit que je finirais par la trouver, et elle avait raison.

Après vingt minutes, je sens que c'est le moment parfait pour aller danser. Tête qui tourne, une Romane qui rigole aux blagues même pas drôles de Julien, et c'est parfait pour aller sur la piste. Je prends la main d'Amandine, et on essaie de se faufiler entre tous les corps collants et transpirants présents. Finalement, on trouve notre petit mètre carré à côté du DJ. À ce moment-là, je me rends compte qu'on est que toutes les deux et que le reste de la bande n'a pas suivi, mais je m'en fous totalement !

De perdre ma voix aussi je me fous totalement, parce que je me mets à hurler quand j'entends mes chansons préférées. Ahhh l'alcool...

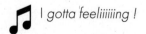 I *gotta feeliiiiing* !

Au bout de deux musiques à peine, je suis aussi suante que tous les autres autour de nous. Parfois, je me fais bousculer et Amandine me rattrape en rigolant : parfois, je reçois des éclaboussures de bière sur les pieds ; d'autres fois, on se contente juste de hurler en yaourt parce qu'on ne connaît pas les paroles.

Je suis tellement bien, tellement heureuse, j'ai l'impression de vivre ma meilleure vie, d'être enfin l'adulte que j'ai toujours voulu être. Personne ne me regarde de travers ici, parce que malgré ma robe à paillettes, personne ne voit en moi la collégienne que je suis. Je suis juste une fille venue avec sa pote pour s'éclater après les partiels, et j'adore ça ! J'adore cet anonymat, m'inventer des vies, et Amandine aussi. C'est d'ailleurs elle qui m'a appris ça, c'est notre jeu.

J'adore ça, jusqu'au moment où tout dérape.

Ça commence simplement, juste une présence, là, juste derrière mon épaule.

Trois fois rien.

Et puis, c'est plus qu'une présence, c'est un corps lourd contre le mien.

Au début, je me dis simplement que c'est un mec un peu bourré, que la boite s'est bien remplie maintenant qu'il est deux heures passées. Mais même si on est tous collés les uns aux autres, je sens quelque chose de dur s'appuyer contre moi. Un frisson de dégoût me remonte dans la nuque. Je me retourne d'un coup et j'en vomirais presque.

Ce n'est pas un mec de mon âge, mais un homme qui pourrait être mon père, qui me dévisage comme s'il allait me baver dessus. J'ai l'impression d'être de la viande, son regard et sa danse me répugnent. Ses mains se collent alors à mes hanches et je me sens prise au piège. Personne ne nous regarde.

— Lâchez-moi ! je crie presque.

Mais avec le bruit et la musique, personne ne me calcule. Lui n'a même pas envie de m'entendre. Je le vois se rapprocher encore, et bientôt, ma poitrine est collée à la sienne, ses mains descendent le long de mon dos. Je ne sais pas comment j'arrive à faire ça, mais je le repousse en criant et en gesticulant dans tous les sens, sans réfléchir, par « instinct de survie ». Il s'explose dans une fille derrière lui qui ne lui fait, elle, aucun cadeau. Elle lui gueule dessus, et son mec juste à côté tend sa main brusquement pour lui foutre une gifle. Moi, je n'ai pas de mec, juste Amandine qui revenait d'un peu plus loin dans la salle pour montrer le chemin aux gars jusqu'au DJ.

Je la saisis par le bras et on fend la foule. Fuir, le plus loin possible ! Avec sa barbe et ses cheveux poivre et sel qui lui retombaient sur le front, son tee-shirt plein de transpi et son regard de pervers, je me sens salie. Je baisse la tête vers ma robe. Oui, elle est un peu courte, et alors ? Je suis libre de faire ce que je veux, ce n'est pas un panneau avec marqué : « Servez-vous, je suis un objet ! »

Le seul coin où on s'entend un peu, ce sont les toilettes. Je m'attendais à ce qu'elles soient blindées, mais même pas. Elles sont ouvertes en haut, en bas, à gauche à droite (*Hey Macarena !*). Intimité zéro, quoi ! Entre le dégoût et la rage, j'arrive à peine à expliquer à Amandine ce qui vient de se passer. Mais sa première réaction n'est pas vraiment celle que j'attendais, parce qu'elle se met juste à rire...

— Mais c'était juste un mec bourré ! elle me dit en rigolant. Tu t'es pas habillée comme ça pour rien non plus. Ça attire aussi les vieux pervers, mais c'est bon, y a rien de grave !

— Hein ? T'acceptes vraiment ce genre de choses ? Pas moi, j'ai pas envie d'y retourner, je le sens plus... Viens, on rentre !

Amandine arrête de rire tout à coup. Son visage se ferme. Elle regarde autour d'elle, vérifie que les cabines sont vides et ferme la porte des toilettes derrière nous. À clé. Elle écrit un texto plus vite que l'éclair, et hop ! Avant même que j'ai eu le temps de dire « tacos », il est déjà rangé dans sa mini-pochette. Enfin, quand elle a fini, elle me regarde droit dans les yeux. À ce moment, elle me fait presque flipper ; elle a l'air tellement sérieuse. Son sourire si rassurant et communicatif s'est comme évanoui.

— Meuf, tu me fais pas de faux plan, on fait ce qu'on a dit ! On est venues pour s'amuser, OK ?

Elle marque une pause et, comme elle a l'air d'attendre une réponse, je me contente d'approuver d'un petit signe de tête. Satisfaite, elle reprend :

— Je pense qu'il est temps de passer à l'étape supérieure. T'es plus un bébé meuf, il est temps de grandir, et j'vais te décoincer, moi !

Voilà de nouveau un sourire, mais pas celui que j'aime tant chez elle. Celui-là est presque diabolique, elle a une drôle de lueur dans le regard et cache quelque chose de malsain. Soudain, je ne sais pas pourquoi, mais je crains le pire.

— T'es chelou, je dis avec un soupçon de rire dans la voix, histoire de masquer mon angoisse réelle.

— T'inquiète. On attend quelqu'un, tu vas comprendre.

— Ben dis-moi. Qui ?

— Nope, c'est surprise, elle me répond en souriant.

Avec le sourire que j'aime. C'est exactement ce que j'avais besoin de voir, et ça me détend tout de suite. Après tout, je ne pense pas qu'elle ait commandité un assassin pour m'étriper dans les toilettes d'une boîte de nuit. Je me détends tout de suite en regardant

Amandine. C'est vraiment la spécialiste du secret et du silence, mais heureusement, je n'attends pas longtemps car trois petits coups frappent à la porte. Amandine a royalement ignoré toutes les autres personnes qui ont tambouriné avant, mais cette fois, elle ouvre direct.

Et là, un mec se faufile par l'entrebâillement. Il est mince, un peu courbé sur lui-même. À peine vingt ans, mais avec de gros cernes et des tatouages autour des yeux. Quand il se met à sourire, les yeux dans le vague, je panique carrément.

— Non, non, Amandine, c'est mort ! Je m'enferme pas dans les chiottes avec un mec chelou !

J'essaie de retourner vers la porte pour sortir de là, mais elle pose sa main à plat dessus et s'appuie de toutes ses forces pour m'empêcher de partir.

— Mais panique pas, chat ! C'est moi qui lui ai demandé de venir.

— Pourquoi tu lui demandes de venir dans nos chiottes ? J'vois pas l'intérêt !

— Tu me fais confiance, hein ?

J'hésite à répondre sur le moment. L'alcool est en train de redescendre, et quand je regarde autour de moi, je ne me sens juste pas du tout à l'aise. Bloquée dans trois mètres carrés, des toilettes glauques avec un mec hyper chelou que je ne connais pas, c'est quand même pas la meilleure situation. Mais il y a Amandine. Alors je me dis que rien ne peut mal tourner. J'acquiesce en lui souriant. En retour, elle explose de joie en tapant dans ses mains comme une enfant qu'on emmène à Disney. Mais ce n'est pas le Disney que je connais perso...

— Ça va être le feu, tu vas voir, elle lâche.

Et clairement, elle ne savait pas à quel point. Mais maintenant que j'y repense, je ne pense pas que c'est ça qu'elle imaginait comme fin de soirée.

Chapitre 12

(Passé)

Année de quatrième, fin octobre

En deux minutes, je comprends que le mec est complètement défoncé. La bande d'Amandine fume parfois, alors je repère rapidement les lèvres qui bougent toutes seules, les yeux rouges qui se ferment malgré eux, les mains qui tremblent. Je sens bien qu'il n'a pas juste pris de la weed, il y a autre chose, plus violent. Il me fait peur, et en même temps j'ai pitié pour lui, il a l'air dans un sale état. Je me recule le plus loin possible. Il n'est pas dans son état normal, alors je n'ai pas envie d'être proche de lui. Il tend sa main à Amandine qui la serre longuement, sans le lâcher des yeux. Puis, ils regardent tous les deux leurs paumes. Ma pote sourit, le mec se contente d'un petit signe de tête et repart. Dès qu'il claque la porte derrière lui, Amandine repousse le verrou direct. J'ai juste le temps d'entendre des filles se plaindre de ne pas pouvoir entrer.

— C'est maintenant que la soirée commence, ma grande !

Elle me regarde avec un grand sourire, rigole et me tend un paquet qu'elle agite sous mon nez. Des petits cachets fluo avec un smiley dansent dans le plastique. Je suis tout sauf bête et je comprends

119

très bien de quoi elle parle. Je ne lui laisse pas le temps d'en dire plus que je secoue la tête de gauche à droite.

— Non. C'est mort meuf. Encore de la weed, OK, je veux bien, mais là, c'est plus que griller des étapes. Pas ça... Je ne sais pas ce que c'est et je n'en veux surtout pas.

— Meuf, c'est juste un petit cachet. Ça va te détendre un peu, t'es carrément stressée depuis que le vieux con t'a touché le cul vite fait.

Elle ouvre le sachet et me tend un cachet. Je refuse et je serre les lèvres d'instinct.

— Franchement, tu me déçois, j'pensais que t'avais plus de couilles. Je pensais que tu t'étais un peu décoincée, que tu me faisais confiance, mais pas du tout en fait, tu restes toujours une gosse qui veut devenir architecte pour faire des cœuuurs, elle dit en mimant le mot avec ses index.

— T'es bête ou quoi ? J'ai encore le droit de pas vouloir prendre cette merde !

— C'est de la MD, ça va pas te tuer. Mais vas-y, reste dans ton ennui, dommage pour toi.

Elle ne me jette même plus un regard quand elle comprend que je ne changerai pas d'avis, et elle avale un cachet sans réfléchir. Puis un autre, « pour le fun » elle me dit. Enfin, on sort des toilettes. Même si l'air de la boîte est lourd, désagréable, j'ai l'impression de pouvoir respirer à nouveau. On se prend quelques coups d'épaule par la vingtaine de filles qui attendaient derrière la porte, mais je suis Amandine sans lever les yeux et on retourne rapidement au milieu de la grande salle.

Je regarde autour de moi, mais je ne vois personne de la bande, comme s'ils s'étaient volatilisés. Heureusement, je ne vois pas l'homme qui m'a pelotée non plus. Amandine, elle, se déchaîne comme jamais. Je ne pensais pas que ça ferait effet aussi vite, son truc rikiki. Même si ce qu'elle m'a dit me serre le cœur, je ne peux pas l'abandonner au milieu de la piste. Je me dis qu'elle pourrait tomber sur un autre pervers, comme le mien. Elle a beau dire que c'est normal, vu son état, ça pourrait vraiment dégénérer. Alors, je reste à côté d'elle au cas où, en mode garde du corps (les bras musclés en moins). À plusieurs moments, je suis aveuglée par les flashs d'un photographe engagé par la boîte. J'ai souvent vu ce genre de photo sur le fil Facebook d'Amandine. Les gens ont toujours l'air de vivre leur meilleure vie. Je ne pensais pas que ça impliquait de se droguer à ce point. S'il faut ça pour s'amuser, c'est qu'ils doivent être malheureux, au fond... Amandine, elle, ne se rend même pas compte qu'on la prend en photo.

Pour la première fois depuis que je la connais, je commence à me dire que notre amitié n'est pas... normale. Saine. Quelle amie me forcerait à prendre de la drogue ? Qui m'insulterait d'enfant ? Pas une amie qui pense à mon bien en tout cas. Mais Amandine ne pense pas à tout ça, elle se contente de danser, danser, de se déhancher pour attirer les garçons, de tourner sur elle-même, tourner, mais surtout de tomber sur les autres.

Je me précipite pour qu'elle ne se cogne pas la tête. Elle a du mal à se redresser, elle n'arrive même pas à saisir la main que je lui tends. Grâce à un couple juste à côté de nous, j'arrive à la redresser et sans réfléchir une minute, je récupère nos affaires et nous fais sortir de cet enfer. Amandine n'arrive même pas à faire dix pas qu'elle s'effondre en riant bêtement. Il n'y a personne autour de nous, la boîte est en plein milieu de la campagne et je ne vois plus la voiture de Julien...

— Les appelle pas s'teuplait ! grogne Amandine en luttant contre l'effet de la MD. J'ai trop honte de pas tenir l'alcool et la drogue !

— Honte ou pas, t'es pas bien là ! Je peux pas te laisser comme ça !

Je crois que j'ai presque hurlé parce que les deux videurs se tournent vers moi, les sourcils froncés. Impossible de leur demander de l'aide, j'ai trop peur qu'ils appellent les flics ou nos parents, encore pire. Elle est complètement droguée en plus... à à peine treize ans. En plus, ça se trouve, elle a encore les pilules sur elle...

— Ggrnngrnn !

— Amandine ! Oh oh !

Je me baisse à son niveau pour redresser sa tête. Elle part tellement dans les vapes que je suis désespérée. Je n'ai aucune idée de ce que je dois faire, de comment réagir. Je ne veux pas lui créer de soucis, mais je ne peux pas la laisser comme ça... c'est ma pote.

— Meuf, redresse-toi !

À chaque fois que je la regarde, j'ai l'impression que ses yeux sont en train de se révulser. J'essaie de la redresser, de basculer sa tête en avant, dans le caniveau. Je retiens ses cheveux et je prie pour qu'elle vomisse. Au moment où je me dis qu'il va falloir que je la force, je sens enfin que tout l'alcool et les pilules sortent de son organisme. J'ai le sentiment que le plus dur est derrière nous. Je me rends compte à ce moment-là seulement que des larmes ont dévalé mes joues depuis les quinze dernières minutes. Je pleure tellement que j'ai sûrement des marques noires sur le visage, mais je m'en fous, Amandine a enfin vomi. Elle est encore nauséeuse, mais en meilleur état...

On reste assises là, sur le bord du trottoir, à côté de la galette qu'elle vient de poser. Elle a du mal à garder les yeux ouverts, mais j'ai l'impression qu'ils ne se tournent plus dans leur orbite, alors je prends deux minutes pour respirer et réfléchir. Elle pose sa tête sur mon épaule, mais j'essaie de la garder éveillée.

Réfléchis, réfléchis, réfléchis.

On ne peut pas rester là. Des gros lourds, la boîte en est remplie. Deux jeunes filles de treize ans assises sur un trottoir, bourrées, c'est grave risqué. Je regarde autour de moi. Pas un chat. Personne. Et au-delà des quelques réverbères qui illuminent le chemin, le noir total. La nuit a tout aspiré et je me sens seule tout à coup, ça m'écrase. Comme la tête d'Amandine m'écrase l'épaule.

— Lève-toi. Allez !

Je passe son bras autour de mon cou et je la remonte tant bien que mal. Elle ne marche pas droit, mais tout le monde pensera qu'elle est simplement bourrée, ça passe. Au loin, mon objectif : l'arrêt pour prendre la navette. C'est le seul moyen pour sortir de ce trou, et ensuite aller chez elle. Impossible d'aller chez moi... Je la pose sur le petit banc en métal ultra froid et je lui passe mon écharpe, elle en a plus besoin que moi. Trente-cinq minutes d'attente. Il faut que je la garde éveillée pendant tout ce temps, il ne faut pas qu'elle dorme, surtout pas. Heureusement, ensuite, on ne sera pas très loin de chez elle. J'inspire profondément... Le cauchemar est bientôt fini !

Je pense à ma mère. Là, sur mon petit banc en métal dégueulasse, avec ma pote qui pue le vomi et qui menace de recommencer à tout moment. Qu'est-ce qui s'est passé en un mois ? Comment j'en suis arrivée là ? À presque prendre de la drogue dans les toilettes miteuses d'une boîte de nuit ? Je pleure encore plus, rongée par la culpabilité et la lucidité qui me rattrapent très rapidement. Heureusement, on monte vite dans le bus et je respire enfin.

Je me rends compte, assise au fond dans l'habitacle chauffé, rassurant, que tout aurait pu dégénérer... Cette soirée ne se termine pas bien, mais ça aurait pu être tellement pire. On aurait pu être suivies par un mec, le dealer aurait pu être violent, il aurait pu nous arriver... des choses vraiment graves. Parce que ça n'arrive pas qu'aux autres, et ce soir, je l'ai compris. Je me tourne vers Amandine qui manque de vomir à chaque virage, et là, la question m'échappe presque. Parce que je ne sais plus trop ce qu'elle représente pour moi. Depuis que je la connais, je ne me reconnais plus. Alors, je pose ma question sans me demander, pour la première fois en un mois, ce qu'elle va penser de moi.

— T'es heureuse, Amandine ?

Elle relève la tête comme si elle avait mal entendu. Elle est tellement mal à cause des effets secondaires que je répète la question. Cette fois, je le vois, elle a bien entendu. Ses yeux se voilent et son sourire triste revient.

— Qu'est-ce que ça peut faire de toute façon ? Tout le monde s'en fout.

— T'as pas peur de ce que tes parents vont penser de tout ça ? S'ils te voient rentrer comme ça, ils vont te tuer ? Parce que moi, ma mère me tue...

Elle me regarde, sourit, l'air de dire « pauvre gosse ». Je comprends alors que son sourire étincelant est en fait le masque qu'elle porte. Là, affaiblie par l'alcool et la drogue, je la vois telle qu'elle est pour la première fois. Personne ne connaît vraiment Amandine. Je crois que je suis la seule, cette nuit-là dans le bus, à avoir compris qu'elle jouait un rôle pour se protéger. Tous les jours.

Entourées par des alcooliques qui rentrent de soirée, des vieux pervers qui nous matent malgré nos vestes, elle commence à me parler. À vraiment me parler. Même si des fois, dans les virages, elle doit se taire et reprendre son souffle pour ne pas vomir sur la personne devant elle, quand on arrive devant chez elle, j'en sais plus sur elle en une heure qu'en un mois.

Peut-être que sans cette soirée, elle ne m'aurait jamais parlé comme elle l'a fait. Non, c'est même sûr. Cette nuit, j'ai appris toute la vérité sur Amandine Dussy. J'ai vu le masque de la meuf forte, indépendante, allumeuse parfois, mais toujours confiante, s'effacer totalement. J'ai compris que l'alcool, les soirées, la drogue, le maquillage, les mecs, les cours qu'elle sèche, c'était juste pour essayer de faire réagir ses parents. Elle a toujours vu sa mère boire. À huit ans, c'était elle qui lui amenait sa bière tous les soirs. Son père travaille pour ne pas voir que sa femme est alcoolique, et que sa main se lève parfois sur ses gamins quand ils ne veulent pas remplir à nouveau son verre. Ses frères sont plus âgés ; ils sont partis de la maison, et maintenant elle est toute seule dans cette merde, avec des parents absents.

Elle ne pleure pas quand elle me parle de tout ça, mais je sens à quel point elle est mal. Je me rends compte qu'effectivement, je n'ai jamais vu ses parents, ils n'ont jamais rien dit quand on rentrait à six heures les week-ends. Rien dit quand elle sortait avec une mini-jupe et une bouteille de whisky sous le bras. J'enviais tellement sa liberté, son indépendance, sa maturité, que je ne voyais même pas à quel point c'était triste et grave. Je me disais juste : « La chance, ma mère m'aurait défoncée moi. » Plus elle parle, plus je suis contente d'avoir une mère prête à m'engueuler pour me garder en sécurité, pour m'empêcher de vieillir trop vite. Ma mère... ma mère à qui je mens depuis des semaines. J'ai la gorge serrée rien que d'y penser.

On arrive sans souci chez Amandine et je m'assure qu'elle rentre bien. Je la pose dans son lit et elle s'endort tout de suite. Je la regarde deux minutes, bien consciente à ce moment que rien ne pourra plus être comme avant entre elle et moi. Je comprends qu'elle souffre, mais elle ne peut pas m'entraîner à nouveau dans ses conneries. J'ai été trop faible depuis le début, alors que j'aurais dû savoir dire « non ». Juste « non ». Un petit mot qui a peut-être changé ma vie dans ces toilettes. Quand j'y repense, un frisson de conscience me traverse tout le corps.

Je repars chez moi. Il est bientôt sept heures du matin... J'ouvre la porte de la maison le plus doucement possible. Je pose mes chaussures trempées dans l'entrée et je vais dans ma chambre sur la pointe des pieds. Je me démaquille en deux minutes, mais les larmes et la pluie ont déjà presque fait disparaître tout le make-up.

J'essaie de ne pas faire de bruit et de pleurer en silence, en étouffant mes larmes dans mon oreiller. Pourtant, cette fois, Louise est bien réveillée. Elle balance sa tête vers le bas et regarde mon lit en l'éclairant avec son écran de téléphone. Je me redresse, éblouie par sa lumière, en essuyant rageusement mes joues.

— Eh ben, t'es vraiment un déchet ! elle me lance avant de se remettre dans son lit.

Cinq minutes plus tard, elle se rendort, mais moi, je fonce sous ma couette, les cheveux à l'odeur « cendrier ». Moi qui pensais que j'avais épuisé toutes mes larmes, je me retrouve à pleurer tout ce que j'ai au plus profond de moi. Je repense à la soirée, à tout ce qui aurait pu arriver, à la peur que j'ai eue, à Amandine, à ma mère, à tout ce que j'ai fait de mal depuis un mois que je la connais. Juste pour me sentir vivre, juste pour avoir le sentiment d'être quelqu'un, d'être l'amie de quelqu'un, même si cette personne n'est pas la bonne pour moi.

Je savais déjà, à ce moment-là, qu'il fallait que je change, que j'arrête d'être dans cette relation toxique qui me transformait en une personne détestable, mais je ne savais pas comment faire. Et, surtout, je ne savais pas si j'étais capable d'« abandonner » Amandine avec tout ce qu'elle vivait. J'avais tellement peur de ça que le courage me manquait pour sortir Amandine de ma vie.

Interlude 3

f SUR FACEBOOK

Jessssy a créé un album photo :
HALLOWEEN GANG

Jessy a écrit :

Sorry les gars pour le moment ultra
gênant avec l'autre conne !

Lilou48 a répondu :

J'ai toujours pas compris pourquoi elle a
ramené ses fesses.

Sidouille a répondu :

Ouais, y en a un qui a bien kiffé en
attendant. Hein @Sammy !

Sammy a répondu :

@Sidouille, tu saoules vraiment. Même toi
tu sais pas ce que t'as contre elle j'suis sûr,
mais bon.

Manontroy a répondu :

T'es quel genre de traître @Sammy ?

Quentin-Tarou a répondu :

C'était un peu *La Belle et le Clochard*, et
évidemment @Sammy c'était la belle mdrrr.

128

Lilou48 a répondu :

@Jessssy non mais tqt, c'était grave bien cette soirée ! Elle est vite partie de toute façon.

Jessssy a répondu :

Mais elle, je la revois lundi, je l'explose.

Sidouille a répondu :

@Jessssy t'avais pas dit que c'était pas déguisé d'ailleurs ? Parce que Romane a pas dû avoir le message mdrrr !

Lilou48 a répondu :

Poooo c'est méchant.

Jesssy a répondu :

Jpp, bien dit !

Chapitre 13

(Présent)

Lendemain d'Halloween, fin octobre

Je pousse la porte de la maison en essayant de ne pas faire de bruit. Je regarde mon portable, 23 h 47. Je ne rentre pas au lever du jour, ma tenue ne sent pas le vomi, un homme de l'âge de mon père n'a pas essayé de me toucher les fesses, je n'ai pas bu et j'ai grave profité de cette fin de soirée. Alors oui, je souris comme une idiote parce que je me sens fière de moi. Je repense à qui j'étais, il y a quelques années, à ce qui s'est passé, et je suis tellement heureuse de savoir que cette période est derrière moi. À l'époque, je pensais vivre une vie géniale, je me sentais tellement rebelle, tellement indépendante, mais avec le recul, je n'étais qu'une gamine complètement perdue.

Je suis toujours une gamine, mais qui fait ce qu'elle veut, et pas ce que les autres veulent qu'elle fasse.

Quand j'arrive dans le salon, mon frère est devant la télé avec ma mère. Elle s'est endormie et lui regarde son téléphone plutôt que de suivre cette série policière que ma mère adore. Dès qu'il me voit, il relève la tête et son visage s'illumine. Comme le mien, j'imagine.

131

Il regarde son portable et revient vers moi en levant un pouce en l'air. Je m'approche de lui sur la pointe des pieds pour ne pas réveiller maman, sauf qu'elle devait être agent secret dans une autre vie puisqu'elle me capte direct. Elle regarde l'heure et sourit.

— Alors, c'était bien ?

J'approuve d'un signe de tête et d'un grand sourire. Je les embrasse tous les deux en leur souhaitant bonne nuit. Après un passage dans la salle de bains, je m'enterre sous mes couvertures et je regarde les photos de cette nuit et les selfies ridicules qu'on a faits avec les filles. Au début, on fait les femmes fatales, puis ça se transforme en doigts dans le nez, vous connaissez les bails ! Quand je m'endors, j'ai sur le bout de la langue le goût du bonheur – et de l'Ice Tea aussi. À moins que ça n'ait exactement le même goût ?

Le lendemain matin, pas de gueule de bois, du coup pas besoin de dire à ma mère que j'ai une « gastro », pas besoin de rester au lit jusqu'à vingt heures pour espérer récupérer un peu avant le retour en cours. Non, là, je reste sous ma couette parce que j'ai juste envie d'en profiter. Je repense à la soirée, et surtout à la discussion qu'on a eue avec les filles concernant notre avenir. C'est peut-être très égoïste, mais ça me rassure tellement de savoir que je ne suis pas la seule à ne pas savoir quoi faire. J'ai du mal à me dire que je vais passer une partie de mon bac en fin d'année ! Déjà choisir une filière l'année dernière avait été l'enfer, mais alors choisir un métier, savoir à seize ans comment je vais occuper les cinquante prochaines années de ma vie ? Je ne comprends pas comment c'est possible ! J'ai déjà du mal à choisir quelle paire de baskets j'vais porter demain matin, alors choisir mon taf, j'en parle même pas...

Une chose à la fois. Je suis sûre que j'ai un destin tout tracé, qui m'attend là, dehors, si j'arrive à sortir de sous ma couette ! J'y crois trop au destin. Je fais des choix jour après jour, et ils me mèneront là où je suis censée aller, askip...

Comme cette soirée chez Jess. Je la redoutais comme pas possible, mais elle m'a permis de passer une nuit grave cool avec mes deux cops, alors aucun regret. C'était une décision compliquée, j'ai voulu annuler tellement de fois, mais au final, j'ai bien fait d'y aller. Je souris, encore un sourire idiot comme ça ne m'était pas arrivé depuis très longtemps ! Je déverrouille mon portable pour y faire un petit tour.

Comme je suis bien calée dans mon lit, je décide de traîner un peu sur les réseaux, et sur YouTube. Et là, je tombe dans une espèce de faille temporelle et je ne vois plus le temps passer. J'enchaîne les vidéos. À chaque fois que je commence, je n'arrive plus à m'arrêter. Parfois, je me dis que ça doit être trop cool de faire ça, « Salut les petits potes, j'espère que vous allez bien. » Ça fait des semaines que ça traîne dans un coin de mon cerveau. Dès que je revois Jess et que je l'entends se foutre de moi, l'idée prend peur et va se planquer vite fait, bien fait. Mais là, en voyant ces filles aider les autres, partager ce qu'elles aiment, ça me démange. Je finis par ne même plus écouter la YouTubeuse sur mon écran, qui présente sa *Morning Routine*. J'imagine quels pourraient être les premiers commentaires. Personne ne me suivrait, mais juste le fait de pouvoir aider une seule personne, ce serait déjà énorme. C'est rigolo rien que d'y penser.

Peut-être que c'est à cause du goût du bonheur que j'ai encore sur le bout de la langue, mais je commence à me dire que je n'ai rien à perdre. Jess ? Elle continuera à me faire chier quoi que je fasse. Il faut que j'arrête de vivre en pensant aux autres. Elle trouvera toujours une bonne raison de me traiter de tous les noms, de murmurer à mon passage, de rire comme Chucky quand l'un de ses moutons fait une blague à mon sujet, de m'imiter quand je traverse le self.

Je me concentre à nouveau sur la vidéo de la YouTubeuse :

J'applique une crème hydratante... *notification*.

Oupsi, je ne vois plus rien à cause d'une notification qui prend tout l'écran. Sans réfléchir, j'ouvre le message, mais là, je dois le relire au moins trente fois. Cinquante fois même ! Je ne connais pas le numéro, mais il est signé, et mon regard bute sur ces trois petites lettres : S. A. M.

Sam vient juste de m'écrire ! AOFKDGSIDSF ! Moi qui pensais que la journée ne pouvait pas mieux commencer, je ne sais plus où me mettre ! Je respire, étouffe un cri de joie dans mon oreiller et me lève direct de mon lit. J'avais juste besoin de ça pour sortir de sous ma couette. J'ai quand même hésité avant de répondre. Je repensais à ce qu'il avait dit pendant la soirée. Et en même temps, je ne sais pas pourquoi, je sentais bien qu'il ne le pensait pas. Je sais comment réfléchit Jess, il le sait aussi. S'il n'avait pas joué le jeu, est-ce qu'elle m'aurait laissée tranquille ? Comme j'ai envie d'y croire, je n'ai pas laissé longtemps mon pouce au-dessus de l'écran, et je lui ai répondu, en réécrivant le message une quinzaine de fois, genre. En à peine trente minutes, je suis habillée, j'ai déjeuné avec ma mère, Maxou et Louise. À treize heures, je suis dehors, en train de choper le premier tram qui passe.

J'ai le cœur qui bat tellement vite que j'ai envie de lui dire « Calme-toi frère ! » Assise à côté de la fenêtre, je me dis que j'ai peut-être rêvé, alors, pour être sûre, je relis une nouvelle fois le message. Je le connais par cœur, je crois. Mais non, aucun doute. J'ai un date avec Sam !

> Hey Romane ! Ça te dit qu'on se voit cet aprèm ?
> Pas de Jess ou quoi... Juste nous deux. Sam.

Je tique sur ce « juste nous deux » que je ressasse dans ma tête en boucle depuis que j'ai regardé le message. Trois mots qui me rendent folle, parce que j'ai du mal à comprendre ce qu'ils veulent dire. Juste nous deux... quoi ?

Je me suis changée au moins huit fois et il m'a fallu six tutos YouTube pour faire un trait d'eye-liner digne de ce nom. Enfin, au bout de cinq essais, je sais que je n'aurais pas pu faire mieux. Alors pourquoi je n'arrive pas à être sûre de moi ? Je resserre l'écharpe autour de mon cou en l'attendant au début de l'esplanade place d'Europe. Je serre mon sac dans mes mains. *Respire.*

Et puis, je le vois arriver. Presque au ralenti. Ou alors c'est moi qui le vois ainsi ? Il me fait un signe de la main et un sourire gêné au loin. Le simple fait qu'il m'ait vue tout de suite me rend encore plus heureuse. Je mime son geste et je m'avance vers lui. Merde, on fait quoi quand on se retrouve ? Plus que *quinze pas.* Est-ce que je lui fais la bise ? *Douze pas.* Merde ! Merde ! Merde ! *Huit pas.* Est-ce qu'on s'embrasse ? Non, n'importe quoi, y a rien eu encore ! *Cinq pas.* Ou alors on se prend dans nos bras ? On n'est pas aux US, meuf ! *Deux pas.* Putain ! Je ne sais pas quoi faire...

— Hey ! il me dit en répétant le même petit signe de la main.

— Hey, je réponds pour prouver que j'ai beaucoup de vocabulaire.

Je n'avais pas envisagé qu'on pourrait aussi juste ne rien faire d'autre qu'un petit geste avant de baisser tous les deux la tête, gênés de la situation. Je finis par trouver le courage de le regarder de nouveau, mais je ne sais pas quoi ajouter. Après tout, c'est lui qui voulait me voir, donc je le laisse commencer. Les gens passent autour de nous et ils doivent nous prendre pour des gens bizarres à rougir sans se parler.

Comme je vois qu'il ne dit toujours rien, je me décide.

— Tu voulais me voir du coup ?

— Euh... ouais. Carrément.

Il passe une main dans ses cheveux. Je suis soulagée de voir qu'en réalité, il a l'air aussi gêné que moi. Pendant deux secondes, j'ai peur que ce soit un piège, une vengeance horrible de Jess, mais quand il me regarde, je sens qu'il est sincère. Il me sourit et là... OK, je peux le dire, j'ai un véritable crush pour lui.

— En fait, je voulais m'excuser pour hier.

J'espérais que ce soit pour ça qu'il voulait me voir. Enfin, pas que pour ça. Je reste silencieuse, et je vois que ça le rend un peu dingue parce qu'il repasse sa main dans ses cheveux. Au fond, je suis un peu contente de voir que je le rends aussi nerveux qu'il me rend nerveuse. Peut-être que je ne me suis pas fait de films, finalement.

— Ouais, je suis désolé pour ce que j'ai dit. Je ne le pensais vraiment pas. C'est juste que... je connais très bien Jess. Elle t'aurait pas lâchée comme ça. Mais je déteste l'idée d'avoir pu te blesser. Je m'en suis voulu toute la fin de la soirée. Et... tu t'en doutes, au lycée, ça va être chaud.

— Oui, je sais bien.

Je lui souris pour lui montrer que je ne lui en veux pas, et je vois ses épaules se détendre direct.

— Sam, comment tu fais pour être ami avec une fille aussi mauvaise qu'elle ?

— Je... je sais pas, pour être honnête. (Et hop de nouveau la main dans les cheveux.) Je la connais depuis la maternelle, nos parents sont potes, et au fond, je ne crois pas que ce soit une mauvaise personne. Après, moi, elle ne m'emmerde pas. On rigole, on mange ensemble au self, on se connaît depuis tout petits quoi. Mais c'est vrai qu'elle est détestable avec toi... Et je suis désolé pour ça. Pour hier.

J'aurais envie de pleurer. Vraiment. Ces mots, j'attends que Jess me les dise, que quelqu'un de son groupe en prenne conscience. Que ce ne soit plus normal de m'insulter quand je passe la porte des cours. Mais je ne veux pas pleurer, j'ai passé trop de temps sur ce foutu trait d'eye-liner, puis surtout, je ne montrerai jamais mes faiblesses aussi facilement.

Sam baisse la tête, honteux. Bien sûr, ses excuses ne valent pas celles de Jess, mais je sais déjà que je n'aurais jamais mieux et que les siennes sont sincères, alors je les savoure comme il se doit. J'ai carrément l'impression de mieux respirer, d'être plus légère.

— T'inquiète pas, c'est pas de ta faute, je dis en souriant.

Il relève la tête et me lâche un sourire incroyable. Ses dents blanches contrastent avec sa peau bronzée et ses yeux noisette pétillent de mille feux ! Je le dévisage si bien qu'il doit me prendre pour une folle à le mater aussi longuement.

— Tu veux aller faire un tour ? il propose en désignant les rues commerçantes derrière nous.

137

— Oui, grave.

Alors quoi, maintenant ? Est-ce que c'est un date ? En tout cas, on ne reparle plus de Jess, ni du lycée, ni de la soirée de la veille, ni des insultes, ni des humiliations. Si j'ai peur de croiser mon bourreau et sa bande de potes, je finis vite par me détendre. Sam est aussi gentil, drôle, intelligent et intéressant que ce que j'avais imaginé ! Ce n'est pas normal d'être si parfait, on est d'accord ?

On passe tout l'après-midi ensemble à déconner, boire nos smoothies et critiquer les fringues ridicules qu'on voit exposées dans les boutiques. Il m'explique qu'il adore les jeux vidéo et que c'est assez rare pour lui de sortir un samedi après-midi ; qu'il a une famille assez stricte et religieuse, pas évident à gérer pour lui, et qu'il ne s'identifie pas forcément à leur mode de vie. Il est un peu paumé, comme moi d'ailleurs. Derrière le grand sourire, l'air sûr de lui qu'il dégage, il est comme nous tous. Perdu. Il passe le bac à la fin de l'année et il ne sait pas quoi faire de sa vie. Pas la moindre piste hormis celle voulue par ses parents, rien du tout.

Apprendre à le connaître me fait vraiment plaisir, parce qu'il est encore plus passionnant que ce que j'aurais pu imaginer. Oui, j'utilise le mot « passion » pour parler de lui. Finalement, au moment où on s'apprête à sortir du centre commercial, une pluie fracassante s'abat sur les pavés. Démotivés à l'idée de finir trempés, on décide de prolonger notre sortie et d'aller se regarder un film au ciné.

Le film était grave nul, j'ai même déjà oublié ce qu'il racontait. Par contre, je suis quasi sûre qu'il a hésité pendant une heure à me prendre la main. Je voyais ses doigts s'agiter, effleurer l'accoudoir, frôler les miens, sans jamais oser aller plus loin. Moi je faisais trop semblant de suivre le film pour oser quoi que ce soit.

Mon cœur bat toujours à cent à l'heure pendant qu'on redescend la rue de la Loge. On marche lentement, pour faire durer le moment où on devra se séparer au tram.

— Du coup, t'as aimé le film ? il me demande avec un sourire, connaissant déjà ma réponse.

— C'était pas le film de l'année ! Mais c'était cool quand même.

Son sourire s'élargit et on rigole ensemble. Je ne sais pas s'il a essayé de me piéger, mais on comprend qu'aucun de nous deux n'a suivi l'histoire. Mon cœur se serre carrément quand je vois mon arrêt se rapprocher.

— J'ai vraiment pas envie de retourner au lycée, il soupire. Parce que lycée veut dire ne pas pouvoir te parler sans créer une apocalypse.

— C'est sûr que Jess serait prête à nous tuer si elle savait que tu m'avais ne serait-ce que demandé « Tu peux me passer une feuille ? » en cours, je rajoute en rigolant.

Il me regarde sans parler, sans bouger et on s'arrête en plein milieu de la rue. Devant son air si sérieux, j'arrête aussi de rigoler.

— Ton rire est grave communicatif, il va me manquer au lycée, il murmure presque.

— Moi aussi, ça me fait chier qu'on soit obligés de s'éviter. Mais... on peut toujours s'envoyer des messages, je réponds avec un petit sourire triste.

— T'es ultra positive comme fille, c'est ouf !

On est si près l'un de l'autre que je sens presque son écharpe me chatouiller le nez. Les gens passent autour de nous, mais on ne les calcule même pas. Il y a encore quatre heures, je n'osais pas le regarder dans les yeux ; maintenant, je n'arrive plus à regarder autre

139

chose que lui. Je n'ai jamais ressenti un feeling aussi puissant et aussi naturel qu'entre nous deux.

La suite, c'est celle dont je rêvais. Sans se quitter des yeux, il a posé sa main sur ma joue, tellement doucement que je la sentais à peine, et il s'est approché de moi. Il m'a embrassée en plein milieu du trottoir, dans un des lieux les plus fréquentés de la ville un samedi après-midi, comme si c'était la chose la plus naturelle du monde. Je ne sentais plus mon cœur. Je ne sens toujours plus mon cœur d'ailleurs. J'ai dû le laisser là-bas.

On s'est dit au revoir en murmurant presque, et il a fallu qu'on s'y reprenne à plusieurs fois parce que nos lèvres étaient déjà accros. Il m'a déposée au tram, il m'a embrassée jusqu'à la dernière seconde, jusqu'à ce que les portes ne nous laissent plus d'autre choix que de nous séparer. Et puis, il m'a fait des petits signes de la main jusqu'à ce qu'on ne puisse plus se voir.

Il m'a fallu quelques minutes pour redescendre de mon nuage, mais quand j'ai pris conscience de ce qui venait de se passer, la première chose que j'ai faite, c'est de prendre mon portable et d'écrire un message à mes gurlz.

Moi : Les meufs, vous allez jamais me croire ptn...

Sofia : Vas-y dis !

Camille : Tu me stresses quand tu fais ça, dis direct !

Moi : J'étais avec... SAM !

Sofia : MAIS NOOON ? WTF ?

Camille : Sam... Sam ?

Moi : Ouiiii !

Sofia : Il s'est passé quoi ???

Sofia : DÉTAILS !

Sofia : MAINTENANT !

Moi : Il m'a littéralement embrassée.

Sofia : OMMMGG !

Chapitre 14

(Passé)

Année de quatrième, novembre

Après cette soirée horrible, j'avoue que je n'ai plus trop de souvenirs. Pendant quelques jours, je crois qu'Amandine et moi, on s'est complètement ignorées. Mais elle est revenue avec son sourire, et surtout sa confiance en elle. Et je l'ai suivie de nouveau. Il y a des décisions qui sont plus compliquées que d'autres à prendre. Je pensais avoir pris la mienne cette nuit-là mais je n'arrivais pas à résister à Amandine. Elle revenait, et je cédais à nouveau.

Alors, un jour, je me suis retrouvée chez elle à me faire maquiller, puis chez Julien à boire des bières chaudes et écœurantes, et puis de nouveau à la Maison Rouge. Je ne sais pas pourquoi j'ai accepté d'y retourner, je ne sais plus ce qu'Amandine m'avait dit pour me convaincre. C'est comme si ma conscience était dead avec elle. Et ce soir-là, elle a voulu qu'on se barre en boîte, une fois de plus.

Ce dont je me souviens bien, par contre, c'est de m'être retrouvée au bar, avachie avec une vodka-pomme beaucoup trop forte dans la main. Julien, Amandine et la bande étaient partis danser et j'étais seule.

143

Mes avant-bras sont presque collés au comptoir tellement l'alcool imprègne les lieux. L'odeur n'a pas changé et elle me soulève toujours le cœur. Elle s'approche de moi, sur ses habituels talons hauts, avale cul sec le verre que je retournais entre mes doigts et m'emmène sur la piste en me tirant le bras. Amandine fonce vers la foule et bouscule les gens qui se trouvent autour d'elle sans aucune pression.

— Allez meuf, danse, tu vas pas me laisser danser solo ! elle me lance en criant par-dessus la musique.

Toute la soirée, j'ai essayé de l'éviter. J'ai collé Julien au point qu'il a dû croire que j'avais un crush pour lui, j'ai tout fait pour ne pas lui parler, et pour l'éviter une fois dans la boîte. Depuis qu'on est arrivés, j'ai le ventre serré de peur. Peur qu'elle m'emmène à nouveau dans les chiottes, peur qu'elle me fourre sa pilule de merde de force dans la gorge cette fois, peur que la chance qu'on a eue la dernière fois nous ait lâché la main quand on a passé la porte de la Maison Rouge.

— Non, pas ce soir meuf. J'ai trop mal aux pieds avec ces talons.

Elle sait que je mens, parce qu'elle sait très bien que je m'habitue aux talons. Elle m'en a prêté trois paires, et depuis que je la connais, j'en porte littéralement tous les week-ends. Mes pauvres baskets se trouvent sans doute sous mon lit. Elles doivent être à côté de ma personnalité et de ma confiance en moi.

Alors qu'elle m'oblige à bouger en agitant mes bras, je sens l'éclair d'un flash m'exploser à la gueule. Puis le photographe ne la joue plus vieux paparazzi dégueulasse et vient carrément se planter devant nous. Amandine se colle à côté de moi, une main sur ma hanche.

— Les filles, une photo ?

Alors, on sourit franchement, on rigole même, et Amandine dépose même un baiser sur ma joue pour changer de pose. Le photographe nous lance un « parfait » et s'éloigne bombarder d'autres gens en nous promettant qu'on pourra retrouver nos photos sur son Insta.

Amandine hurle et danse à chaque nouvelle chanson qu'on entend. Mais moi, je ne vois que le pire : les gens bourrés qui se bousculent, certains qui font des pâtés dans les recoins de la salle, d'autres qui sont à moitié conscients, le sol qui colle sous les pieds, l'odeur de transpiration et d'alcool sucré, les pervers parfaitement sobres qui attendent dans un coin, comme des félins, que leur proie soit la plus vulnérable possible. BREF. Je ne sais pas si c'était la best idée de suivre ma pote ici. Heureusement, depuis la dernière soirée, j'ai mis ma robe à paillettes dans un coin et j'ai opté pour une tenue un peu moins provocante, histoire de tenir les gros dégueulasses le plus loin possible de moi.

Je jette un coup d'œil à Amandine qui n'a pas l'air prête à quitter la boîte, à croire que c'est chez elle ici. Elle se fait draguer par un mec et elle danse avec lui d'une manière qui ne laisse aucune place à l'imagination. Mais, je n'arrive pas à la planter là, sans faire attention à elle. Il pourrait arriver n'importe quoi... je m'en voudrais beaucoup trop. D'ailleurs, son crush, Maxime ? Elle s'en fout depuis des semaines. Elle ne m'en a jamais reparlé, je ne sais pas ce qui s'est passé, mais j'ai compris qu'avec Amandine, ça ne servait à rien de poser des questions. Il faut juste attendre qu'elle veuille bien parler... ou qu'elle soit trop saoule pour ne plus avoir peur de se confier.

Petit à petit, je recule pour m'éloigner, mais la garde quand même dans mon champ de vision. Au final, je me cale à côté d'un petit groupe un peu saoul mais qui ne bronche pas. Perso, j'ai bu, mais pas assez pour ne pas me rendre compte que les gens alcoolisés ont l'air idiots quand ils dansent ou essaient de parler. Pour la plupart, ils sont complètement débraillés, hurlent, sont à contretemps quand ils bougent et chantent. C'est rigolo à voir quand t'es pas dead comme eux. Je sors mon portable de ma poche pour regarder l'heure, mais avant même d'avoir pu la voir, je remarque surtout que j'ai cinq appels en absence. Mon cœur s'arrête de battre. Aucun message, juste des appels en absence. Et toujours le même nom : « Maman ». Pourquoi elle m'appelle ? Trois heures du matin, elle me croit chez une pote pour dormir, ça n'a aucun sens qu'elle m'appelle maintenant !

Je respire profondément, histoire de me calmer. Mais quand je sens le portable vibrer dans ma main, je panique total. J'essaie de rejoindre les toilettes. Là, j'ignore les filles qui font la queue et je me précipite sur la porte dès qu'elle s'ouvre. J'entends les autres se plaindre et m'insulter, mais je referme vite derrière moi. J'oublie même à quel point ces chiottes me rendent malade. Je regarde mon portable, le laisse sonner encore une fois, le temps de me donner du courage, mais ça ne marche pas du tout. Je décide de décrocher, une main devant la bouche pour essayer d'atténuer la musique assourdie qu'on entend jusqu'ici.

Dès le début, j'adopte la mauvaise stratégie : celle de prendre ma mère pour une conne. Je fais donc semblant de tout juste me réveiller, histoire d'être crédible. Avec ma mère ? *Bad idea.*

— Allo ? Ma... maman ? Désolée, je viens juste de voir tes appels, j'étais...

— Ne t'avise même pas de me dire que tu étais en train de dormir, ça va pas le faire du tout ! Ça m'étonnerait que Rosa habite à la Maison Rouge ! m'interrompt ma mère, froide.

Je ravale difficilement ma salive. Je suis foutue. Elle sait tout. Mon cœur bat comme jamais, aussi fort que les coups des filles sur la porte des toilettes. Putain ! Je ne sais plus quoi faire. Une main sur le front, j'attends qu'elle parle. Mais ma mère laisse le silence prendre toute la place, et c'est pire encore que si elle s'énervait. J'entends juste sa respiration, forte, saccadée, remplie de colère.

— Tu as intérêt à ramener tes fesses à la maison tout de suite. Je vais pas rigoler.

Et elle raccroche. Je reste là, collée au mur rempli de tags, en train de suffoquer. Je suis prise d'une panique sans nom, et aussi d'un minuscule soulagement bien enfoui en moi. Soulagée parce que ça marque la fin des mensonges à ma mère. Mais je suis incapable de rentrer chez moi, d'affronter son regard. Qu'est-ce que je vais lui dire ? Comment j'ai pu la trahir ? Les larmes me montent aux yeux et les sanglots qui les accompagnent me secouent.

Au bout d'un moment, j'arrive à sortir de là ; la file de filles est énorme. Elles ont toutes envie de m'assassiner, mais, sans les calculer, je repars en bombe jusqu'aux vestiaires. Je ne cherche même pas Amandine, et je file au bus sans réfléchir. Il me faut une heure et demie pour arriver à la maison. J'ai passé le trajet à me demander ce qui allait se passer, comme si j'avais signé par cet appel mon arrêt de mort. J'ai cherché des mensonges à sortir pour sauver ma peau, mais je crois que ça ne ferait que m'enfoncer. Affronter ma mère pour quelque chose où je suis l'unique responsable... J'angoisse à un point extrême là.

Quand j'arrive devant la porte de la maison, j'ai les mains qui tremblent tellement que je reste un moment devant sans oser rentrer la clé dans la serrure.

Elle est là, assise sur le canapé, dos à la porte et elle ne se retourne même pas. Je sens sa colère d'ici. Je n'ose pas m'avancer. Je finis par enlever mes chaussures. Qu'est-ce que je dois faire ? Me mettre devant elle et m'excuser ? Fuir au plus vite dans ma chambre ? Ou juste ne pas bouger, ne rien dire et attendre ? L'ambiance est froide, j'ai l'impression que ma mère s'est transformée en Détraqueur, c'est affreux.

— Viens voir, elle finit par me dire, les lèvres tellement serrées que c'est à peine si je comprends.

Le cœur serré, je m'approche. Je me plante devant elle, mais elle ne me regarde même pas, comme si croiser mon regard lui semblait impossible. La culpabilité, la honte, la colère envers moi-même commencent à me dépasser. Je repense à tout ce que j'ai fait ces derniers mois et je ne sais plus où me mettre... Je n'ai aucune excuse. J'attends juste que ma mère veuille bien me parler. C'est con, mais rien qu'avec ce silence, je me sens humiliée, et je comprends qu'elle soit vexée, énervée, déçue de mon comportement...

Puis enfin, elle prend son téléphone, regarde un truc et me le jette sur la table basse. Je n'ai même pas besoin de le regarder en détail pour comprendre tout de suite. La photo Insta de la Maison Rouge... Le photographe n'avait pas menti.

— Tu trouves que je ne te donne pas assez de liberté, Romane ? Tu me prends pour une conne depuis combien de temps ? Je ne comprends pas. Tout finit par se savoir, crois-moi.

— Je...

148

Mais je n'ai même pas le temps de répondre. Ma mère se prend la tête dans les mains, elle ne me regarde toujours pas. J'ai envie de pleurer, mais je n'ose pas, je n'arrive même pas à aligner deux mots et je sens qu'elle ne veut pas m'entendre, alors je me tais direct et j'attends.

— Je donne tout pour vous ! Mais aller en boîte à ton âge, sérieux ?! J'hallucine ! Je l'ai même pas découvert moi-même, c'est Caroline, ma collègue, qui m'a envoyé ça en me disant « C'est pas ta fille sur la photo ? » La honte ! Et moi qui me disais qu'après toutes les merdes qu'on avait traversées, on était soudées et sincères ! Je ne reconnais même plus ma fille. Alors maintenant, tu vas t'asseoir et tu vas tout me raconter sans rien oublier, parce que je te jure, Romane, que quand tu auras fini de parler, tu vas comprendre ce que ça veut dire que de ne plus avoir de vie.

Ma promesse de ne pas pleurer n'a pas tenu bien longtemps. J'ai tout raconté : de la colère en classe au vol du billet, les soirées chez Julien, les cuites, les fausses gastros, les joints, les nuits sous les Abribus, les virées en boîtes de nuit, jusqu'aux chichas qu'on fumait dans des maisons abandonnées. J'ai tout dit, et j'ai surtout beaucoup pleuré. Ma mère, pendant ce temps, n'a pas prononcé un mot. Pas un seul. Et puis, à un moment, elle m'a demandé si c'était bon, si j'avais fini. Elle n'avait pas menti, elle, quand elle disait que j'allais être punie comme jamais.

— Je ne veux plus que tu revoies cette fille, jamais. Et même si elle est dans ta classe ! Lundi, tu iras lui dire ce que je t'ai dit, et le pourquoi du comment, si ça ne lui traverse pas l'esprit. Je me fiche de savoir comment tu t'y prends, mais il est hors de question qu'elle continue à te traîner dans ses conneries. Les sorties, c'est fini. Et tu n'as pas intérêt à avoir une note en dessous de 14, je te préviens.

Et toujours sans me regarder, elle a pris son portable et elle est partie se coucher. Je pleurais encore et encore, je me suis traînée jusqu'à mon lit, et je me suis effondrée. Elle avait raison. Pour tout. Raison d'avoir honte de moi, de m'interdire tout ça, d'être terriblement déçue. Et la première que j'avais déçue depuis le début, c'était moi... Mais je m'étais voilé la face, en attendant que quelqu'un fasse finalement bouger les choses à ma place.

À force de pleurer, Maxou a dû m'entendre, parce qu'il est arrivé dans ma chambre à pas de loup pour me faire un câlin. Sans me poser la moindre question. Quant à Louise, du haut de son lit superposé, elle se permet de lâcher un petit son de gorge, comme pour dire « bien fait ».

Je suis tétanisée par la culpabilité. Je ne sais même pas comment je vais faire pour sortir de mon lit demain. Je ne me sens pas capable d'affronter à nouveau le regard de ma mère... son ignorance surtout. Pourtant, ce qui me tue, c'est que je sais à quel point elle a raison, et j'avais peut-être besoin de ça, qu'elle m'engueule, qu'elle finisse par connaître la vérité. Peut-être que sans ça, j'aurais été incapable de sortir de cette relation horrible. J'avais clairement besoin de cet électrochoc pour me rendre compte à quel point elle m'avait changée, transformée en quelqu'un que je n'étais pas. Et que je ne voulais plus être. J'avais envie de reconquérir la confiance de ma mère plus que jamais.

Amandine n'est pas là le lendemain ni le jour d'après. Ma détermination à la sortir de ma vie se transforme alors en peur panique. Je l'ai abandonnée au milieu d'un bain de pervers à la Maison Rouge. Et si elle avait été kidnappée ? Agressée ? Ou pire ? Aucune réponse à mes messages, aucune réponse de ses parents. Rien.

Et un jour, la voilà revenue comme si de rien n'était. Elle est juste assise sous l'arbre immense, au fond de la cour, sur notre petit banc en pierre. Elle regarde son portable. Donc, elle a vu mes messages ? Ça veut juste dire qu'elle a décidé de ne pas y répondre ? La colère, étouffée par la culpabilité, se réveille tout de suite. Je me rappelle être là, au milieu de la cour, entourée par tous les autres sans les entendre et sans faire attention à eux. Je n'ai qu'une envie : foncer sur Amandine et la plaquer contre le mur pour lui demander « Pourquoi ? » Je revois toutes les fois où elle m'a convaincue de faire des choses que je ne voulais pas, où elle m'a demandé de me dépasser, où elle m'a dit de ne plus être un bébé. Elle s'est crue beaucoup plus grande que moi, beaucoup plus mature. Mais là, la réalité me frappe de plein fouet : c'est elle l'enfant, une fille complètement perdue, sans amis stables ni repères.

Pour la première fois depuis des mois, je sens que je redeviens la personne que j'étais, que ma façon habituelle de penser et ma personnalité reviennent. Mise à terre par les remarques, les sous-entendus, les moqueries, je redeviens moi-même. Plantée là, j'ai soudain l'impression de renaître. Alors que je m'avance, déterminée, vers Amandine, j'ai, collé sur la rétine, le visage déçu de ma mère. Si je dois choisir entre elles, mon choix est largement fait.

— Amandine ? je demande, en espérant que mon courage ne va pas s'envoler rien qu'à prononcer son nom.

— Putain, je te cherchais ! J'ai tellement pas envie d'aller en cours, putain. En plus, j'ai grave besoin de m'acheter des pulls, il commence à faire hyper froid. Tu viens ?

Je reste immobile. Quoi ? Elle croit que tout peut redevenir comme avant ? Comme une débile, je me suis inquiétée pour elle, mais clairement, elle ne compte même pas s'excuser. Non, faisons comme si de rien n'était... Elle n'a tellement pas conscience du chemin que j'ai fait depuis la boîte de nuit. Je ne suis plus la petite chose qu'elle pouvait manipuler à sa guise.

— Non, je dis d'abord, un peu trop doucement. Non, je ne veux pas sécher, ni maintenant, ni demain, ni jamais.

Amandine me regarde avec de grands yeux, la mâchoire inférieure lui tombe presque. À croire qu'elle découvre que je suis douée de parole et de pensée. *Désolée de te décevoir, mais ça ne sera plus possible.*

— On peut plus être potes, toi et moi... je lâche, presque dans un murmure.

Mais pourtant, je suis fière d'avoir réussi à prononcer cette phrase. D'un coup, je me sens gonflée de courage.

— Tu te fous de ma gueule ? Tu te prends pour qui à me lâcher ça comme ça ?

— Je veux plus de cette relation qui nous tire toutes les deux vers le bas, c'est tout.

Son regard est froid comme le banc sur lequel elle est assise. Elle se redresse, lentement, récupère son portable et son sac sans me lâcher des yeux. Je mentirais si je disais qu'à ce moment, son regard n'était pas du tout inquiétant. Je vois le sourire que j'aimais tant fondre. Et sous son masque, le visage dur d'Amandine. Plus de sourire, plus de lumière dans les yeux. Elle a l'air méchante.

— Mdr t'es un sketch toi ! elle lance en me pointant du doigt, tout en s'approchant doucement de moi. Tu crois que c'est à toi de me virer de ta vie ? Ahahaha !

Elle se met à rire, mais d'un rire froid, faux, elle se transforme en véritable peste. Puis elle reprend, toujours plus menaçante :

— Tu n'es rien de plus qu'un bébé, Romane. Franchement, j'en peux plus de traîner avec une gamine comme toi. T'es qu'une suiveuse sans personnalité. T'es juste bonne à faire comme les autres, à copier les gens que t'admires sans trouver ta propre voie. Tu me fais pitié. Tu seras toujours dans l'ombre des autres.

Elle me dépasse, son sac sur l'épaule, prête à rejoindre le reste de la classe car la cloche a sonné. Mon cœur a arrêté de battre, je crois. Quand je me dis que ça y est, elle a fini, elle me lâche une dernière phrase, en murmurant presque.

— T'es qu'une ombre de toute façon. Tu vaux rien.

Et elle me laisse là. Et moi, je n'arrive même pas à pleurer. On n'est plus amies, voilà. En deux minutes, c'est fini. Mais c'est ce que je voulais, non ? Alors, pourquoi je me sens aussi seule ? Pourquoi j'ai l'impression, même si c'est moi qui lui ai dit que c'était terminé, que mon monde s'effondre ? Je n'ai plus personne. Retour à la case départ, quoi.

Chapitre 15

(Passé)

Année de quatrième, décembre

Les jours suivants ont été désagréables. Je n'arrêtais pas de repasser en boucle les événements dans ma tête, de me refaire la conversation.

J'aurais dû répondre ça.

Là, je n'aurais pas dû me laisser faire.

Moi la gamine ? Elle est pas sérieuse ?

Je me sentais nulle, parce que, même si j'étais la première à mettre un terme à notre amitié, Amandine, fidèle à elle-même, avait réussi à faire comme si c'était elle qui me larguait. Et je me sentais larguée ouais, complètement. Je me sentais terriblement seule.

À la maison, Maxou était mon seul soutien. Je ne parlais pas à ma mère. Ou plutôt, ma mère ne me parlait pas. Ou alors uniquement pour me dire qu'elle voulait que je fasse la vaisselle, ou que je prépare le repas si elle arrivait plus tard.

Au collège, personne ne me parlait non plus. C'était même pire que ça, tout le monde me regardait bizarrement. Si, avant, c'était Amandine et moi contre le reste du monde, là, c'était Amandine et

155

le reste du monde contre moi. Les gens murmuraient à mon passage, ils rigolaient en se montrant des photos. À force de surprendre des bouts de conversation, j'ai fini par comprendre qu'Amandine avait tout balancé sur moi – en se donnant le bon rôle, évidemment. C'est moi qui l'avais entraînée dans des soirées, j'allais en boîte tous les soirs quasiment, je couchais à droite et à gauche, j'étais une alcoolique et une droguée. Les gens l'adoraient tellement qu'ils ne se demandaient même pas si elle mentait.

Après tout, ils se foutaient de savoir si ce qu'elle racontait était vrai ou pas. C'était juste trop croustillant pour ne pas être répété partout.

« T'as vu ? C'est Romane ! Il paraît qu'elle se drogue dans les chiottes de la Maison Rouge tous les week-ends. »

« C'est une vraie salope. J'ai entendu dire qu'elle avait couché avec une vingtaine de mecs. À à peine treize ans... mdr ! »

J'entendais ça tous les jours.

Heureusement, il me restait notre banc. Au fond de la cour, personne n'osait m'approcher. Tout le monde regardait dans ma direction mais je faisais semblant d'être absorbée par mon téléphone. Sauf que je n'avais personne à qui envoyer le moindre message. Je crois qu'à cette époque, j'ai vraiment défoncé mon record en vidéos YouTube regardées par jour...

— Je peux m'asseoir ?

Et tout à coup, cette voix.

J'étais tellement seule, que je n'ai pas compris tout de suite que c'est à moi qu'on parlait. J'avais plutôt l'habitude qu'on m'ignore, qu'on m'évite. J'ai relevé la tête et j'ai vu une fille que j'avais déjà croisée. C'était quoi son prénom déjà ? Ah, j'étais tellement nulle pour les retenir... Clarisse ? Non. C'était Camille !

— Euh... ouais pas de souci !

J'ai viré mon sac, que j'ai presque balancé par terre, tellement j'étais surprise. Je voulais éviter d'avoir l'air d'une folle, mais j'étais trop excitée pour être normale. Quelqu'un me parlait ! Ça a peut-être l'air débile, dit comme ça. Mais depuis des jours, j'avais l'impression de me noyer en pleine mer. Des bateaux passaient à côté de moi sans jamais me regarder. Et là, elle me tendait une bouée pour me remonter à la surface.

Et d'un coup, je me suis mise à respirer à nouveau.

— Tu t'appelles Camille, c'est ça ? je demande avec une petite voix.

— Oui. Et toi, Romane ?

— Ouais, je crois que tout le monde connaît mon prénom maintenant...

Elle me fait un petit sourire triste. Les rumeurs balancées par Amandine sont là, entre nous, même si on fait comme si de rien n'était. Sans un mot, Camille me tend un paquet de M&M's avec un grand sourire. Je m'empare de bonbons que je fourre dans ma bouche, et je lui rends avec un « merci ».

— Je sais pas pourquoi, je mange tout le temps les bleus, elle dit en tirant la langue.

En effet, sa langue est complètement bleue ! On explose de rire, et certaines personnes se retournent sur nous et commencent déjà à murmurer. Mon sourire meurt d'un coup.

— Tu sais, tu devrais pas rester avec moi. Les gens m'inventent une nouvelle vie tous les jours alors... je murmure en baissant la tête.

Je contemple les trois M&M's qu'il reste dans la paume de ma main.

— Je m'en fous, chacun fait ce qu'il veut en fait. Et puis, toi non plus tu devrais pas rester avec moi, tu sais... J'ai pas la best des réputations non plus !

Je redresse la tête. Elle, une sale réputation ? J'ai rien entendu ! Bon, en même temps, c'est pas comme si j'échangeais avec beaucoup de gens en ce moment.

— Toi ? Une sale réputation ? Ça m'étonnerait ! Je crois pas que tu sois une sale traînée qui se drogue dans les chiottes dégueux d'une boîte de nuit !

— Non, mais on s'attend à tout moment à ce que je me coupe les veines à cause d'une rupture amoureuse. Tout le monde m'appelle « râteau » parce que je pensais qu'il y avait un truc entre un mec et moi et qu'il m'a humiliée devant tout le monde.

— Oh, merde, désolée ! Au moins, tu t'appelles pas « salope », faut voir le bon côté des choses.

— Non, mais on m'envoie de faux mots d'amour à toutes les heures de cours en espérant que j'y crois et que je me remette à pleurer devant tout le monde.

— Moi, ils préfèrent murmurer dans les couloirs en faisant des gestes dégueulasses. Surtout les mecs...

— Moi, ils me regardent en essuyant de fausses larmes sur leurs joues. Ou ils se dessinent du sang sur les avant-bras avec leur stylo quatre couleurs.

— Moi, ils viennent me voir pour m'acheter de la drogue.

— Moi, je mange seule.

— Moi aussi.

On rigole. Sans être tout à fait pareilles, on se regarde soudain comme si on reconnaissait la personne en face de nous. On vit la même chose. Et sans avoir besoin de le dire à voix haute, on comprend qu'on n'a plus besoin de vivre ça toutes seules, chacune de notre côté. On peut vivre ça ensemble et être soudées.

Le râteau et la droguée.

Et c'est ce qui s'est passé. Camille et moi, on ne s'est plus lâchées. Ma mère ne voulait pas que je sorte, mais après des semaines sans sortie, j'ai au moins réussi à la convaincre de me laisser inviter Camille à la maison un après-midi. Je crois que ma mère était rassurée à l'idée de pouvoir nous entendre, nous voir, et rencontrer ma nouvelle pote. Histoire de s'assurer que je ne tombais pas sur une nouvelle Amandine...

On se retrouve donc dans ma chambre, à boire un chocolat chaud pour elle, un Ice Tea pour moi, en se racontant nos histoires. Elle ne cherche pas à me changer, à me parler par intérêt ou quoi. Elle m'écoute, elle ne me dit pas que mes blagues sont nulles, ou que j'ai l'air d'une gamine. Je suis loin des soirées avec Amandine, Julien et la bande. Les soirées en boîte, défoncée, ne me manquent pas. Là, je suis chez moi, dans un environnement sain et que je connais, avec une meuf ultra bienveillante. Putain que ça fait du bien !

On s'allonge sur mon lit et on regarde des vidéos YouTube en rigolant. Elle ne connaît pas du tout alors je suis contente de lui faire découvrir mes comptes préférés. En cliquant de vidéo en vidéo, on finit par tomber sur un *Ask*. Camille m'arrache d'un coup le téléphone des mains.

— Je te pose les questions en même temps qu'elle ! elle s'exclame. Comme ça, je vais connaître tous tes secrets !

— OK, mais je te le fais après alors.

— Ça marche ! J'adore ce genre de trucs !

Camille lance la vidéo, écoute la première question puis baisse le son au minimum, pour ne pas être gênée par la réponse de la youtubeuse. Elle s'éclaircit la gorge :

— Alors, prête ? Tes plus grandes phobies ?

— Facile, les araignées ! Ah, les cheveux morts aussi...

— Quoi ? Les cheveux morts ? Comment ça ? elle me demande en fronçant les sourcils

— Ouais, tu sais, les cheveux sur les brosses par exemple, ou les cheveux qui sont plus sur le crâne quoi. Ça m'angoisse... J'ai l'impression que ça appartient à des gens morts, j'sais pas, ça me fait trop flipper !

— Ah ! Ah ! OK. T'es complètement tarée, elle me dit en rigolant. Elle augmente le son de la vidéo pour entendre la question suivante.

— Bon, deuxième question... ta téléréalité préférée ?

Je marque une pause. Pas parce que j'ai besoin de réfléchir, mais parce que j'ai un peu honte de lui dire. Elle me regarde avec de gros yeux pour que je lui balance tout.

— Oh, Rom', ça peut pas être si terrible que ça, si ?

— Bon, OK, mais tu te moques pas, promis ?

— Mais oui, promis ! Dis-moi !

Je peux lire l'excitation dans ses yeux.

— *L'Amour est dans le pré...* je murmure.

— Mais non ?! Moi aussi j'adoooore cette émission ! Karine Le Marchand est trop mims et les paysans me font trop rire !

— Mais oui, c'est trop ça, je trouve qu'elle est vraie, tu vois ! C'est des vrais gens à la télé et pas des mannequins et ils me font trop marrer. Et puis, des fois, quand tu vois que ça mène vraiment à des mariages et tout, c'est dingue !

Une fois lancées, on ne nous arrête plus et on continue de parler de *L'Amour est dans le pré*. Finalement, comme Camille est très sérieuse, elle finit par nous remettre sur le droit chemin et reprend la vidéo.

— Bon, troisième question : quel métier voulais-tu faire quand tu étais petite ?

Là aussi, nouvelle pause. Je me souviens trop bien de la réaction d'Amandine en cours de français. Je pourrais mentir et ne pas avouer la vérité à Camille, mais je sens qu'elle est tellement différente d'Amandine que je me lance malgré tout.

— Je voulais être architecte... pour faire des cœurs à la place des fenêtres.

— Oh, mais c'est beaucoup trop mignon ! elle s'exclame en joignant ses mains. Oh, c'est tellement chouchou comme métier ! On en aurait bien besoin. J'adorerais avoir une maison avec des cœurs !

Et effectivement, avec son pull rose à cœurs, je comprends à quel point Camille est une romantique. Elle est fleur bleue à mort.

— J'avais peur que tu te moques de moi...

— Ben non ! C'est toi qui vas te moquer quand t'apprendras ma réponse...

— Ah ben non, tu peux pas me teaser comme ça ! Dis-moi !

— Non, non, ça va te spoiler.

— Allez, dis-moi, je veux savoir !

Cette fois, c'est Camille qui se tait. Elle ferme les yeux en rigolant et, sans les rouvrir, elle dit d'un seul coup sans prendre sa respiration.

— Jevoulaisêtrepape.

— Tu voulais être quoi ? je demande, pas sûre d'avoir compris.

— Je voulais être... pape.

— Pape ?

Elle me regarde en faisant un petit signe de la main comme le Saint-Père, et on explose de rire. Quand on arrive enfin à s'arrêter pour reprendre un peu d'air, elle essaie de se justifier tant bien que mal.

— Ouais, je... je voulais absolument être dans une papamobile pour saluer la foule et que les gens m'acclament. Je trouvais ça génial.

Le fou rire nous tient encore pendant un moment avant que Camille ne redevienne sérieuse. Comme elle est hyper maligne et qu'elle n'oublie rien, j'aurais dû me douter qu'elle me poserait la question. Elle me regarde droit dans les yeux, quitte la vidéo YouTube et me demande, très sérieuse.

— Pourquoi t'avais si peur que je te juge par rapport au métier que tu voulais faire ?

Je lui adresse un petit sourire triste. Elle termine son chocolat et, quand elle repose la tasse par terre, je vois la moustache de mousse au-dessus de sa lèvre. Je souris, parce que ça me rappelle à quel point elle est vraie par rapport à Amandine. Amandine n'aurait jamais laissé une marque pareille sur son visage. Alors, je lui raconte tout. Le début, la colère qui se taisait un peu grâce à elle, le manque de confiance, la manipulation subtile, le fait de vouloir juste lui ressembler dans l'espoir que ma vie soit meilleure, que j'aille mieux, que je me sente mieux. La drogue, l'alcool, les soirées avec ses potes plus vieux, les pilules amincissantes, la peur de ne jamais être assez bien pour elle, les mensonges, le vol, les cours séchés, et puis la découverte de ma mère. Camille ne sait pas quoi me dire. Elle se contente de me sourire et de me prendre dans ses bras quand ma mère arrive en frappant doucement à la porte. J'essuie d'un geste rapide les larmes qui ont coulé sur mes joues.

— Désolée de vous déranger les filles. Camille, ta mère est arrivée, elle est en bas.

Elle reprend ses affaires, et dix minutes plus tard, elle est repartie. Je récupère mon verre vide, la bouteille d'Ice Tea et sa tasse de chocolat pour les ranger, quand je sens le regard de ma mère sur moi. Elle se contente juste de me regarder et prend ses clés de voiture.

— Je reviens. Tu gardes un œil sur Maxou et Louise, je n'en ai pas pour longtemps.

— Oui oui, pas de souci.

Ça ne ressemble pas du tout à ma mère de partir comme ça mais depuis notre discussion, je réponds juste « oui » quand elle me pose une question. Je ne râle pas quand elle me demande de l'aide, et je me dis que, peut-être, à force, ça ira mieux entre nous. J'espère juste que ce sera avant ma majorité...

Après, je n'y pensais plus. Ce n'est que le lendemain que ma mère m'a appelée depuis le salon. Je la rejoins le plus lentement possible. Dans ma tête, je n'arrête pas de me dire : « Qu'est-ce que j'ai encore fait ? » Je repasse les événements des derniers jours, mais je ne vois pas ce que je peux avoir fait de mal...

— Maman ? je demande d'une petite voix.

— T'as deux minutes ? Je voudrais te parler de quelque chose...

Heureusement, je sens qu'elle n'est pas du tout comme la fois où je suis rentrée de boîte. Elle me regarde dans les yeux, elle a presque un petit sourire qui retrousse le coin de ses lèvres.

— Qu'est-ce qu'il y a ?

— Écoute... elle marque une pause en soupirant et plante ses yeux dans les miens. Je suis désolée, mais j'ai entendu ta discussion avec ton amie hier... À propos d'Amandine, je veux dire. Je n'avais pas compris qu'elle était aussi manipulatrice et destructrice. J'aurais dû me rendre compte plus tôt que tu souffrais beaucoup... je suis désolée.

Je bafouille, incapable de savoir quoi répondre.

— J'ai rencontré ta CPE pour voir s'ils peuvent vous changer de classe. Je sais que ça ne va pas tout régler, mais tu la verras moins déjà... Ce sera plus simple pour toi.

Elle prend mes mains dans les siennes en souriant, et en voyant ce sourire, je me mets à pleurer toutes les larmes qui me restaient. Ma mère me prend dans ses bras et je me blottis contre elle, trop heureuse de la retrouver. On s'aime, mais c'est vrai qu'on se montre très peu notre amour par les gestes, alors quand il y en a, c'est d'autant plus émouvant.

Et ma mère n'a pas menti ; je n'ai croisé Amandine que quelques fois, par-ci, par-là – elle avait l'air d'aller encore moins en cours depuis notre « séparation » – et je n'ai plus jamais vu Julien ni toute leur bande de copains. Je ne suis plus jamais retournée à la Maison Rouge non plus. Camille et moi, on est devenues potes, genre vraiment bonnes potes, jusqu'à ce qu'on rencontre Sofia, arrivée en plein milieu de l'année scolaire de troisième. Et puis, on a arrêté de m'insulter de « salope », on a arrêté de traiter Camille de « râteau ». Les gens ont oublié, ils sont passés à autre chose. Mais nous, pas aussi facilement. Je continue parfois de penser à Amandine, à ce que je serais devenue si j'étais restée amie avec elle. Même si j'ai perdu Amandine, j'ai gagné Jess, youhou ! Autant dire que mes problèmes n'étaient pas finis, mais ça, vous le savez déjà. La question que vous vous posez sans doute, c'est de savoir comment ça s'est passé avec Sam ? Accrochez-vous, car, malheureusement, rien ne se passe jamais comme prévu, j'peux vous l'assurer.

Chapitre 16

(Présent)

Novembre

Quand je retourne au lycée, le lundi suivant la fête d'Halloween, j'ai presque oublié que Jess existe, alors c'est vous dire ! Tout le dimanche, je n'ai pensé qu'à une personne... Sam. Je nous revois dans la rue, au cinéma, j'imagine à nouveau ses lèvres sur les miennes et ça me fait littéralement des guilis dans le ventre en y pensant. Quand j'arrive au lycée, c'est limite si je ne me sens pas invincible. Bien sûr, Sofia et Camille sont déjà devant le lycée et elles m'attendent de pied ferme. Elles ont dû se lever à l'heure aujourd'hui, parce que d'habitude, je suis la première à arriver. Je souris malgré moi quand je les vois s'approcher d'un pas décidé.

— Putain, meuf, on veut tout savoir là ! s'exclame Sofia.

Elle me prend par le bras pendant qu'on remonte la cour en direction de nos salles.

Je leur raconte tout en détail. J'avoue que j'ai un peu teasé par message, mais que je n'ai pas tout balancé. Mais même là, j'ai beau adorer les filles, j'en garde pour moi. Des moments qui n'appartiennent qu'à Sam et moi. Des choses qu'il m'a murmurées et que je n'ai envie de dire à personne d'autre. Parce que personne n'a besoin de le savoir, et flemme de me faire taquiner sur ça. Même pendant les deux premières heures de cours, elles continuent de me harceler à voix basse pour en savoir plus. Enfin, quand on part en pause, elles passent un peu à autre chose. Merci au cookie choppé à la cafèt' pour ça !

On est en train de discuter de ce qu'elles ont fait de leur week-end, quand elles arrêtent de parler, d'un coup. Je me retourne et je vois Sam qui s'approche de moi. Oh putain, qu'est-ce que je fais ? Est-ce qu'on s'ignore, on se fait coucou de loin ? Impossible de l'embrasser alors que Jess se trouve à deux bancs, prête à m'égorger si elle nous voyait.

D'un coup de tête, Sam me fait comprendre discrètement qu'il veut me parler. Les filles me poussent à le rejoindre.

Je stabilise mon sac sur mon épaule et le suis. Il m'emmène dans un coin un peu reculé où peu d'élèves passent. Mon esprit imagine beaucoup de choses. Je me dis qu'il va m'embrasser, qu'on va vivre une relation secrète, hyper kiffante, à devoir se planquer à chaque pause. Ou alors qu'il va me confier des trucs, me rappeler que je n'ai pas rêvé ce samedi. Clairement, je ne m'attendais pas à ce qu'il s'est passé.

— Écoute... Je sais pas comment te dire ça !

Je ne sais pas pourquoi, mais d'un coup, ça me saute à la gueule comme une évidence.

— C'est Jess, c'est ça ? je demande. Elle a capté et elle t'a menacé pour qu'on arrête de se voir ?

— Quoi ? Mais non. Enfin, pas loin... Mais c'est pas Jess. C'est mes parents.

Alors là, par contre, je suis complètement paumée. Je ne comprends pas ce que ses parents viennent faire là. Je secoue la tête, comme si j'avais dû mal entendre. C'est une blague ? Il me fait un remake de *Roméo et Juliette* ou quoi ?

— Tu sais, quand je t'ai dit qu'ils étaient assez... stricts ? Eh ben le truc, c'est qu'ils sont grave conservateurs et ils ont du mal avec... certaines choses.

— Sam, va droit au but en fait !

À m'écouter, il doit croire que je suis en colère, mais la vérité, c'est que j'ai juste peur. J'ai l'impression de comprendre où il veut en venir et je me dis que ça ne peut pas être possible. Qu'est-ce que j'ai fait pour me prendre un karma pareil en pleine face ? Je ne peux pas être en train de me faire larguer à cause de ses parents... sérieux ?

— Ma mère a encore fouillé dans mon tél et elle est tombée sur nos photos de samedi...

— Ouais, et alors ? Je veux dire, où est le mal ?

— Bah, ils sont pas au courant que je côtoie des filles, enfin au lycée oui, mais de là à sortir avec une fille...

J'hallucine. Et surtout, je ne comprends pas. Il doit espérer que je parle, que je comprenne moi-même, mais je veux qu'il termine de parler, je veux l'entendre dire ce qu'il s'est vraiment passé, sinon, je ne pourrai pas le croire.

— Putain, mais lâche le morceau Sam, je comprends rien !

— Ils trouvent que tu es trop... enfin, pas assez... enfin, différente.

— Mais, être différent dans quel sens ? Je veux dire... on est tous différents, c'est pour ça que le monde est beau. Imagine si on était tous pareils, tous grands, tous minces, tous blonds, on se ferait chier, tu crois pas ?

J'essaie de détendre l'atmosphère, de rigoler un peu, et il se contente de baisser la tête en prenant mes mains dans les siennes. La chaleur qu'il dégage me rassure tout à coup. En voyant mes petites

167

mains dans les siennes, si grandes, couleur caramel, magnifiques, je me dis que rien de tout ça n'est vrai.

— Écoute, j'aimerais que ça se passe autrement, mais... Enfin, avec mes parents, ce n'est pas possible. Ils refuseront toujours que je sois avec quelqu'un comme toi.

— Mais comment ça « quelqu'un comme moi » ? Pourquoi tu veux pas le dire, une bonne fois pour toutes ? je lâche en séparant mes mains des siennes.

Sa chaleur me manque déjà, mais j'essaie de garder la tête froide.

— Tu es trop... blanche pour eux. Je suis désolé, Romane, même moi je comprends pas ! Mais c'est mes parents, tu vois et...

J'ai l'impression que le destin se fout de moi. Ce matin encore, tout allait bien. C'était la première fois depuis longtemps que je me sentais aussi soulagée et heureuse. Et deux heures plus tard, je me re-trouve dans un couloir abandonné, à me faire larguer parce que ma couleur de peau est trop « blanche ». Mais ce n'est pas la couleur de peau qui compte ! J'aimerais dire tout ça à Sam, mais quand je relève la tête, l'expression sur son visage m'en dissuade tout de suite. Il ne compte pas s'opposer à ses parents, il ne veut pas les défier, il ne veut pas leur prouver que l'amour compte plus que leur racisme à la con. Alors, je n'essaie même pas, c'est perdu d'avance.

Sans ajouter un mot, je sors de là, les larmes aux yeux. Et quand je me disais que ça ne pouvait pas être pire, je vois Jess débarquer devant moi avec tous les Enfers derrière elle, un sourire moqueur aux lèvres.

— Ben alors Romane, tu vas pleurer dans un coin pour oublier à quel point ta vie c'est de la merde ?

La bande derrière rigole, mais ça sonne tellement faux. Je m'apprête à répondre quand j'entends la voix de Sam surgir derrière moi.

— Ferme-la Jess ! Pourquoi tu l'emmerdes tout le temps ? Tu te fais autant chier que ça ? Elle te fait peur à ce point que tu te sens obligée de lui en foutre plein la gueule en permanence ?

— Que... quoi ?

Sofia et Camille, qui étaient juste à côté, me prennent par la main et me sortent de là. J'entends à peine Jess se ressaisir pour s'en prendre à Sam, mais lui ne se laisse pas faire. Il vient de me briser le cœur, et pourtant, il me défend enfin, vraiment. Ça veut sûrement dire qu'il ne pourra sûrement plus jamais traîner avec le groupe des Enfers. Ça me fait du bien. Et même si j'ai encore les yeux pleins de larmes, je souris. Sam est un des mecs les plus appréciés du lycée ; gueuler contre Jess et lui interdire de m'insulter et de s'en prendre à moi, ça va peut-être m'apporter un peu de répit. Alléluia !

Comme d'habitude, les filles sont trop mignonnes pour oser me demander ce qu'il vient de se passer. On va s'asseoir sur un banc libre et elles posent toutes les deux leur tête sur mes épaules. Juste comme ça, sans rien dire. Et c'est exactement ce dont j'avais besoin. Puis Camille se redresse, fouille dans son sac et en sort un paquet de M&M's qu'elle nous tend après l'avoir ouvert. Sofia plonge sa main jusqu'au fond du sachet. Quand Camille tourne le sachet vers moi, je la vois sourire. Et je souris à mon tour.

Je peux décider de vivre ma vie pour les autres, ou je peux commencer à la vivre pour moi, à en profiter. Je ne veux pas me réveiller un jour, regarder derrière moi, et ne voir que des regrets. Et l'excuse « j'avais peur de ce qu'ils pourraient penser », c'est la pire que je pourrais trouver.

Maintenant, j'arrête de me cacher derrière ça.

Faut que j'apprenne à être un peu égoïste, et à avancer POUR MOI.

Finalement, la vie, c'est des hauts, des bas, des revirements de situation en permanence. De véritables montagnes russes quoi. Mais lors d'une chute, faut savoir se relever, plus fort que jamais. Faut voir ça comme une leçon de vie et en tirer un certain positif. Moi, j'ai la chance d'être aidée. Quand je tombe, j'ai deux amies, une mère, un frère, tous géniaux, et ils m'aident à me redresser. Quand je doute, ils me rassurent. Quand j'ai peur, ils me réconfortent. C'est juste qu'avec tout ce que j'ai vécu auparavant, j'ai appris à ne pas me plaindre, à faire face et à ne pas montrer mes faiblesses. Mais des fois, ça fait du bien.

Je pense à tous ceux qui n'ont personne à qui se confier, à qui demander conseil, ceux qui sont dans des situations comme celles dans lesquelles j'ai été ou qui ont tout simplement besoin d'une grande sœur pour les écouter. Je sais ce que c'est et j'aimerais vraiment être cette personne, dans l'ombre, qui écoute, qui conseille, qui aide ceux qui en ont besoin à se relever et à être plus forts que tout.

Quoi que je fasse, on m'emmerdera toujours pour tel ou tel sujet, c'est l'humain qui est comme ça. Alors, merde ! Désormais, c'est à moi de décider de ma vie et ce à quoi elle doit ressembler, alors c'est décidé, je vais lancer ma chaîne YouTube !

Interlude 4

▶ YOUTUBE

Caméra ? OK. Putain, je vois même pas si je suis bien cadrée sans retour écran. Hop, avec un miroir, ça fera l'affaire. J'ai un peu honte, je suis gênée de m'adresser à une caméra ! C'est hyper bizarre.

D'ailleurs, est-ce que j'me présente ? Non, pas pour une vidéo comme ça, je pense pas. Puis faut que je réfléchisse à un nom de chaîne... Le quotidien de Romane ? La vie de Romane ? En anglais, c'est plus stylé. Allez, va pour DailyRomane !

Bon, maintenant, respire un coup... En appuyant sur ce bouton « publier une vidéo », j'espère vraiment partager des good vibes avec quelques personnes, qui seront sans jugement sur ma vie d'adolescente... Allez, c'est parti : « publier ».